孩子啊，
成为世界顶尖的 1% 吧

一位父亲对孩子的真情告白

〔韩〕赵荣熏（조영훈）◎著 徐红霞◎译

重庆出版集团 重庆出版社

아들아 세상의 1%가 되어라 (Son, become 1% of the world) by 조영훈 (Cho Young hoon)
Copyright © 2006 Kugil Publishing Co., Ltd.
Simplified Chinese copyright © 2010 by **Grand China Publishing House**
Simplified Chinese language edition arranged with Kugil Publishing Co., Ltd.
through Eric Yang Agency
All rights reserved.
No part of this publication may be reproduced, stored in a retrieval system, or transmitted in any form or by any means, electronic, mechanical, photocopying, recording, or otherwise, without the prior written permission of the copyright owner.

版贸核渝字(2007)第 2 号

图书在版编目(CIP)数据

孩子啊，成为世界顶尖的1%吧 /〔韩〕赵荣熏著；徐红霞译. —重庆：重庆出版社，2010.06
书名原文：아들아 세상의 1%가 되어라
ISBN 978-7-229-00254-1

Ⅰ.孩… Ⅱ.①赵…②徐… Ⅲ.青少年教育：家庭教育 Ⅳ.G78
中国版本图书馆CIP数据核字(2008)第 169972 号

孩子啊，成为世界顶尖的1%吧
HAIZIA, CHENGWEI SHIJIE DINGJIAN DE 1% BA
〔韩〕赵荣熏◎著
　　徐红霞◎译

出 版 人：罗小卫
策　　划：中资海派·重庆出版集团科技出版中心
执行策划：黄　河　桂　林
责任编辑：朱小玉
版式设计：洪　菲
封面设计：大观工作室　郑少媚

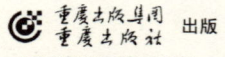

重庆出版集团
重庆出版社　出版
(重庆长江二路205号)

深圳市鹰达印刷包装有限公司制版　印刷
重庆出版集团图书发行有限公司　发行
邮购电话：023-68809452
E-MAIL: fxchu@cqph.com
全国新华书店经销

开本：880×1258mm　1/32　印张：6　字数：124千
2010年6月第1版　2010年6月第1次印刷
定价：25.00元

如有印装质量问题，请致电：023-68706683

本书中文简体字版通过Grand China Publishing House(中资出版社)授权重庆出版社在中国大陆地区出版并独家发行。未经出版者书面许可，本书的任何部分不得以任何方式抄袭、节录或翻印。

版权所有，侵权必究

有为歌

束发读诗书,修德兼修身。

仰观与俯察,韬略胸中存。

躬耕从未忘忧国,谁知热血在山林。

凤兮凤兮思高举,世乱时危久沉吟。

茅庐承三顾,促膝纵横论。

半生遇知己,蛰人感兴深。

明朝携剑随君去,羽扇纶巾赴征尘。

龙兮龙兮风云会,长啸一声舒怀襟。

天道常变易,运数杳谁寻。

成败在人谋,一诺竭忠悃。

丈夫在世当有为,为民播下太平春。

归去来兮我夙愿,余年还作陇亩民。

清风明月入怀抱,猿鹤听我再抚琴。

——电视剧《三国演义》插曲

权威人士推荐1

陶 然
中国青少年心理成长基地主任
首都医科大学临床心理系副主任

做父母也要合格上岗

  我是一名青少年心理健康工作者，这些年我接触到很多问题少年，我发现这些孩子出问题是因为父母不知道如何去教养孩子，孩子出问题的根源在父母。

  我们研究发现，中国的父亲与孩子的关系比较疏离，对待孩子的方式简单粗暴，有些过于严厉，缺乏温情和理解；母亲对待孩子的方式是控制和过度保护。这些教养方式扼杀了孩子的自主性、独立性和自信心，不利于他们的身心健康。特别是母亲强势、父爱缺失（不一定是离异家庭）的家庭，孩子在青春期最容易出问题。父爱缺失是因为有些家庭依然坚持男主外、女主内的传统观念，认为管教孩子是母亲一个人的事情。实际上，孩子5岁前母亲可以承担多一些，但5岁后父亲对孩子的影响应逐渐加大，无论是男孩还是女孩，都需要这样。父亲对孩子的理解、接纳和认同能使孩子产生强大的精神动力，父亲所代表的榜样、偶像、规则和权威，是母亲无法替代的。遗憾的是，很多人并不了解这一点。

做父母也是一项职业。既然是职业，就要持证上岗，做父母之前就要学习为人父母之道：爱孩子需要讲科学、讲方法，还要讲技巧，爱孩子的最终目的是让孩子学会独立，包括生活的独立和心理情感的独立。

初中阶段的孩子要独立处理很多问题，比如伙伴关系问题、师生关系问题、学业问题、学校规章制度与青少年个性化需求的冲突问题，以及个人的情绪情感问题。这个时期的孩子特别需要家长的引导和帮助。家长需要帮助孩子认识到能力和努力之间的关系问题——分数并不能体现你的综合能力，但努力和勤奋以及乐观积极的心态却能改变你的人生。

以上林林总总的问题，是我多年从事青少年心理健康工作的心得，也是作为一名父亲最想告诉广大父母的心里话。本书是父母持证上岗前值得一读的好书，它也为青少年解决自身成长道路上遇到的困惑提供了一定的帮助和指导。

权威人士推荐2

朴纪元
亚洲青少年成长网总裁
世界著名青少年成长专家

爸爸们，请担起父亲的责任

当我接到为本书作序的邀请时，着实有些惊讶。但阅读此书后，我认为无论是作为一位学者，还是身为人父，我都有责任也有义务去向大家推介此书，毕竟它是一本难得的好书。

耶鲁大学的最新研究成果表明：由男性带大的孩子智商较高，他们在学校里的成绩往往更好，将来走向社会也更容易成功。父亲是高山，母亲是大海，在家庭教育中父母各有优势，但必须做到阴阳互补、平衡，防止出现"阴盛阳衰"的现象。

我是做青少年成长方面的工作的，在我从业的多年中，接触了成千上万个案例。有趣的是，做有关孩子成长咨询的来访者基本上是母亲，这是否意味着在教育子女这个问题上出现了"阴盛阳衰"的现象呢？在中国的家庭教育中，以母亲为主的占50%，以父亲为主的占20%，平分秋色的占30%。当问及一些父亲淡出家庭教育的原因时，有的说工作太忙，没时间管孩子；有的说脾气不好，没法跟孩子生那个气……看似理由充分，其实他们忘记了古训——"养不教，父之过。"

作为父亲，放弃教育子女的责任是一个极大的错误。缺少男性的教育，孩子的性格、情感、意志、思维方式等都会受到一定的影响。因此我主张家庭教育中必须强化男性的教育。男性的特点往往是坚韧、大胆、果断、自信、豪爽、独立，这些对于女性来说略显薄弱，这就显示出了男性教育所不能替代的作用。

青少年时期是一个告别童年、快速成长并且学业繁重的时期，出现问题或偏差都有可能贻误孩子终身。家长要学会和孩子一起制订成长方案，进行人生设计。如果你想让你的孩子将来成为这世界1%的优秀人士，请从现在开始跟你的孩子沟通！我们追求的不仅是一个人某方面的成功，更是一个人的全面发展和终身幸福。

本书教你如何在生活点滴中培养孩子，以及如何同孩子一起进行人生设计，是广大家长和青少年必读的一本好书。

权威人士推荐3

朴铉洙
未来证券董事长

正确的爱

　　由于公司的业务，我经常要到国外出差，在各国的机场，常常可以看到很多家庭都是父母带着孩子一起去旅行。虽然语言和服饰各不相同，但他们脸上都流露出一样的幸福表情，这种幸福温馨的表情深深地打动了我，让我忘记了一天工作所带来的疲劳。

　　我去世界各地出差，在机场发现了一个非常有趣的普遍现象：大部分国家的孩子，手中都提着一两件行李，唯独在韩国国际机场，父母包办了绝大部分行李。有时，甚至个子比自己父母高出一头的孩子也把自己的行李扔给父母，自己却躲到一旁打电子游戏或者听音乐。

　　父母对子女的爱在世界上任何一个地方都是一样的，但关键是，爱的表达方式有很多种，过度的溺爱反而会阻碍孩子的发展。

很多父母怀着美好的愿望带孩子去旅行,他们希望孩子早日接触到更广阔的世界,激发他们心中远大的理想,然而在子女漫长的人生路中,父母怎么可能一辈子替他们提行李呢?

所以,我认为对于我们心爱的孩子,父母应该做的不是帮他们提行李,而是培养他们积极面对人生困境的智慧以及独立承担生活重任的坚强意志。

有位贤人说过:"父亲的教诲有时比100个老师更加有用。"父母是对孩子影响最大的人,也是孩子最重要的老师。

本书作者是一位经济报刊的记者,他拥有非常丰富的人生经验,他将自己在生活中感悟到的哲理写出来与大家分享,花费了3年的时间,这本书的内容是有一定深度的。

很多父母都想给子女留下一些人生指南,我想这本书应该很有帮助。

读者推荐

拉近父亲和孩子距离的好书

　　作为父亲，我自认为我爱孩子并不比她妈妈少，可孩子总是跟她妈妈更亲。对于这一点，我也总是在思考。看了本书后，我总算找到了我跟孩子之间的问题。这真的是一本值得家长去看的书，特别是父亲。

——王先生（17岁女孩的爸爸）

让家教不再盲目

　　这个韩国爸爸强调孩子从小就要有历史忧患意识，有爱国精神；把生活中的困难看做是人生的维生素；要有爱心，不仅自己有爱心，还要把爱心传递给更多的人……它使我在孩子的教育问题上不再盲目，有章可循。

——李凯（16岁男孩的父亲）

从小就要学会理财

　　钱是任何时候都不可或缺的交易媒介。要让孩子正确看待钱财,并通过生活的点滴帮助孩子养成合理理财的好习惯,学会消费,学会投资。韩国爸爸这本书教我的孩子正确认识了金钱。

——刘玉华(证券分析师)

会学习更要会生存

现在的孩子更侧重书本知识,缺乏常识性知识和一些生存技巧。韩国爸爸的这本书视角独特,观点新颖、全面,实用有效,是孩子自己看了就能懂的成长指南。

——孙经理(14岁男孩的爸爸)

改变了我的人生观

我是一名高中生,父母平时非常关心我的学习,问得最多就是:"你打算考哪所大学?"每次我都会信心满满地告诉他们我会考某所名牌大学,因为我从心底认为只要考上那所学校,就自然会"前程似锦"了。可是这本书彻底改变了我的看法。一个完美、成功的人生不是仅靠考取某一所学校就能实现的,而是多种因素相互渗透、作用的结果,包括对未来的思考、对职业的选择、人际关系的处理、对金钱的认识等。书中"爸爸"的谆谆教诲让我开始重新思考自己的人生!

——李茜(深圳某高中女生)

译者序

成功教育源于生活点滴

接到此书稿的翻译工作时，初为人母的我感到异常兴奋，因为可以借工作之机，好好学习一下育儿常识。但当我深入本书的内容时，发现它并不是关于怎样"养育"孩子，而是关于怎样"教育"孩子。作者身为两个孩子的父亲，希望两个孩子长大后发掘自己的潜能，找到适合自己的职业，并勇于自我投资，做一个成功的人。

这本书还适合即将成年的孩子阅读，那些整天忙于工作的父母，可以给孩子买这本书。"书中自有黄金屋"，孩子们一定可以从中找到有用的信息并加以利用。父母都希望自己的孩子出人头地，有一个美好的未来。社会环境是错综复杂的，孩子的想法也千奇百怪，如何呵护孩子的心，使其不受伤害，是上天赋予为人父母者的圣职。孩子总有一天会离开父母的怀抱，去大千世界翱翔，因此，怎样让孩子更好地适应社会环境才是最重要的。

本书理论与实践相结合，给读者带来很多启发。作者对孩子的金钱观教育让我印象深刻。在物质生活富裕的今天，父母很舍得在孩子身上花钱，给孩子零用钱也慷慨大方。孩子的零用钱多了，却花得毫不珍惜，甚至挥霍无度。他们正面临一个难题：不知道如何管理金钱，更遗憾的是没有人教过他们。其实，许多成年人自己也缺乏自律、自重、自信等生活习惯和人格的培养，而这种教导后代的工作对父母而言是责无旁贷的。

译者认为成功的家庭教育，往往不是严肃的告诫、喋喋的训导，也不是成套的理论、成体系的教程。家庭教育的成效，就在我们不经意的、点点滴滴的话语中，在看似随意却传递着丰富含义和情感的表达中。这本书可以带给读者很多启示，促使我们重新审视自己的教育观念。

徐红霞

前言

由于职业关系,我每天都会接触很多人,我和他们就社会上包括金融在内的热点问题展开激烈的讨论,但讨论得最多的还是子女的教育问题。

从位高权重的首席执行官到初为父母的公司小职员,都很关心一个问题,那就是"怎样才能教育好我们的子女"。

我跟他们一样关心这个问题。几年前,我上初三的大儿子突然对"死"感到很困惑。28年前的记忆又浮现在我脑海中,因为那时候这个问题同样困扰着我。为了解开大儿子的困惑,我决心要写一本书,不久后就动笔了。

说实话,那时我对怎样写一本书根本没有概念,因此白白浪费了3年的时间。怎样向孩子们解释社会上千奇百怪的现象,让孩子们对社会、对生活有更深刻的理解,这让我一筹莫展。

这时,我的大儿子已经高三,即将开始独立生活了,所以我写书的进程不能再推迟了。

我担心由于自己经验不足和知识的贫乏，讲出来的道理会带有过多的主观色彩，因此对孩子们存在的共性问题，我和许多人进行了探讨并交换了意见。

　　在漫长的人生旅途中，我充分体会到"人生没有教科书"这句话的含义。我想大多数人都曾有过这样的感慨："在人生的许多重大转折点上，如果有人给我们一句忠告，哪怕只有一句，就好了。"忠告可以让孩子们预知未来的困难，也可以成为他们的行动指南。

　　所以，尽管还有些不成熟，我还是让这本书面世了。我的两个儿子姜锡和姜俊非常喜欢这本书，它也促使这两个孩子相互鼓励，相互竞争。我把这本书献给所有孩子以及他们的父母。希望这些孩子将来能推动整个社会的发展，成为这个世界真正的主人！

赵荣熏

目录 Contents

有为歌 / 1
权威人士推荐 1 　做父母也要合格上岗 / 2
权威人士推荐 2 　爸爸们，请担起父亲的责任 / 4
权威人士推荐 3 　正确的爱 / 6
读者推荐 / 8
译者序　成功教育源于生活点滴 / 10
前　言 / 12

第 1 章　现实：爸爸生活的年代　19

为孩子而写书 / 20
爸爸生活的年代 / 23
人生礼赞 / 27
苦难造就新生 / 29
规划人生蓝图 / 30

爸爸的建议｜爸爸生活的年代 / 34

第 2 章　未来：你们的世界　35

韩国社会的模样 / 36
世界轴心将转向亚洲 / 42
以技术和知识为中心 / 47
个人能力就是财富 / 50

担心韩国社会的几点理由 / 54
我们的社会正在发生改变 / 62

📖 爸爸的建议｜你们这代人的世界 / 77

第3章 计划：成为符合全球标准的人才　79

知识的重要性 / 80
常识的力量 / 81
培养好奇心 / 83
外语很重要 / 84
做个有修养的人 / 87
要有历史忧患意识 / 90
做社会舆论的引导者 / 93
将感性和理性统一 / 96
让历史记住你 / 98
实用性知识是取胜的关键 / 100
提高对金钱的敏感度 / 102
积极分析社会问题 / 105
为我们的文化而自豪 / 108

📖 爸爸的建议｜你们应该具备的能力 / 109

第4章 心态：拥有成功的人生　111

成功人生的前提 / 112
人生是什么 / 113
拥有正确的思想 / 115
学习中庸之道 / 116
要勤于思考 / 118

人生的维生素——考验和失败 / 119
爱让人生多姿多彩 / 121
坚信世界会越来越好 / 123

📝 爸爸的建议 | 人生应该具有的心态 / 126

第5章 准备：职业的选择　127

职业左右你的人生 / 128
认真思考自己要做什么 / 130
选择与自己价值观相符的职业 / 132
要安逸还是向前冲 / 134
全能型人才及其特点 / 136
面向未来选择职业 / 139
用长远的眼光设计人生 / 142
继承家业也是一种选择 / 146

📝 爸爸的建议 | 选择职业时的心态 / 148

第6章 经济：学会如何理财　149

树立正确的经济意识 / 150
经济发展趋势和风险管理 / 151
高风险带来高收益 / 153
为成为富人做准备 / 154
学会理财 / 156
经济环境决定投资方式 / 157
万能的"套利交易" / 160
理财的重心转向股票 / 161
关注假想的世界 / 163

在生活中体验经济 / 164

📝 爸爸的建议｜正确理财须知 / 166

第7章 处世：做个受欢迎的人　167

学会为人处世 / 168
向人文主义方向努力 / 169
乐观者的希望 / 171
宝贵的朋友 / 172
欲取之必先予之 / 174
常常微笑吧 / 175
保持客观的视角 / 176
学会倾听 / 177
抓住事物的本质 / 179
养成节俭的好习惯 / 180
高兴时可以喝点酒 / 182
保持连贯性 / 184

📝 爸爸的建议｜如何获得幸福 / 186

后　记 / 187

爸爸小时候……

第 1 章

现实：爸爸生活的年代

为孩子而写书

165 cm 和 180 cm，这是爸爸和你的身高。时光飞逝，今年爸爸都 40 岁了，到了不惑之年。孔子说，不惑就是人到了 40 岁以后，不再对世上万物概念不清或者说对世上万物有了一定的把握和理解。但爸爸也不知道为什么还常常想：从现在开始的人生，不是"不惑"，而是"增惑"（对世间的疑问更多）。尤其是当看到一下子长大的你，爸爸就越发这样想。

爸爸上初三时，身高只有 160 cm，而你在初三时身高早已超过了 170 cm。从外表上来看，你已经成年，好像突然就长大了。个子长高了就是真的长大了吗？爸爸忘不了那天，你突然问："人死了以后会怎样？"听到你这样问，我想：你小子终于也开始被存在的问题困扰啦？你终于开始意识到"自己"的存在。爸爸在你这么大的时候也被同样的问题困扰过。

以前我知道你脑子里只想着玩，而初三暑假的最后一天，你突然对我说："我要去外语高中读书，你把我送到外语培训班吧。"我欣喜若狂，一边为你的成长感到欣慰，一边又为你即将步入这个叫做"人生"的、险象环生的战场而感到担忧。你一直在爸妈的保护伞下长大,而你的这个要求意味着你将正式登上"人生"的舞台了。

"我能给孩子些什么呢?""要对这个孩子说些什么,才能为他走向幸福的人生提供帮助呢?"我被这些问题困扰了很久,后来终于明白,其实爸爸什么都无法给你。于是爸爸又想:有没有一条捷径,或者说有没有一个能够减少你的彷徨和痛苦的方法呢? 3年来,爸爸思来想去,终于下决心要写一本"人生指南",目的就是当你遇到艰难险阻或感到痛苦沮丧时,它可以为你提供一些参考。这些都是爸爸的亲身经历。当你彷徨无助、遇到困难无法战胜时可以读一下。通过这本书,你会了解爸爸也曾有过类似

> 父母希望子女不要犯自己犯过的错,在人生道路上少走弯路。

的经历,你可以从中汲取勇气。无论你在人生旅途中遇到什么样的困难,都要卸下包袱,找到解决办法。

由于记者工作的特性,爸爸经常会遇到很多人。当爸爸和同行们聊天时,谈论工作话题的时间并不如你们想象的那么多,我们聊的大部分内容都是关于怎样养育子女。因为生活在这个时代的爸爸们都十分关心子女的人生,谁都希望自己的子女幸福,所以我们常常被子女的问题困扰。

爸爸有一个以前在证券公司工作时的同事,他是爸爸的小学同学,最近你们经常听到的"辛劳爸爸"指的就是他。他将自己的两个儿子和一个女儿送到加拿大,他自己则在国内孤独

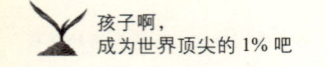

地生活。他说把孩子送到教育环境比较好的国外，会很有价值。

另外一个叔叔并不赞同他的做法，他从不对子女进行课外教育，他说应该让孩子自己寻找解决问题的方法，即使是10元的财产也不会留给子女。"让自己的老年生活更加安定不是更重要吗？应该让孩子自己学会生存。"

还有一些人认为，自己辛苦创办的企业积累的财富，与其留给自己的子女，还不如回馈社会，比如捐赠给慈善机构。子女的人生应该由他们自己来安排。

其实每个父母都在为子女的将来做打算，尽管他们的处理方式不同。爸爸非常赞同这种想法——与其将物质财富留给你，还不如教会你如何度过自己的人生。我们身边就有一些失败的例子，这些子女对未来没有做任何准备，依靠父母提供的经济来源生活，等把从父母那里继承过来的财产挥霍一空后，便过着贫困潦倒的余生。

> 美国有近1/5的富豪不留给子女任何遗产。他们认为与其留给子女花得尽的财产，还不如培养他们能创造无尽财富的本领。

我们的社会已经呈现出"穷人越穷，富人越富"的趋势。虽然财富的代代相承使一些富人的孩子成为了特殊阶层，但也有富人为了让自己的孩子创造出真正的价值，鼓励孩子白手起家。因此，爸爸相信实现美丽人生的首要条件就是自己设计人生，并为之付出不懈的努力。

像所有的爸爸那样，我非常爱我的两个儿子。因此，爸爸想给你们讲讲我苦闷失败的经历，还有爸爸周围那些为了生存而挣扎的人所采取的方法。这个时代的爸爸们大多会遇到这些问题。在听我讲的时候你们不要盲目相信爸爸讲的东西,只要你们对爸爸提出的问题仔细思考,我就心满意足了。

爸爸生活的年代

　　能够播放管弦乐的手机,比 CD 存储更多歌曲的小巧玲珑的 MP3 播放器,可以在任何场合享用的比萨和汉堡,种类繁多的著名品牌时装,造型新颖的公寓……从衣、食、住等方面来说,你们这一代享受着我们那一代无法想象的富足生活。过去不曾看到过的高级外国车,现在在首尔大街上随处可见。韩国现在拥有 1 500 万台汽车,平均每个家庭拥有 1 台以上的私家车。

　　何止于此。现在我们可以把总统叫"头儿",可以自由观看长得像总统的喜剧演员在电视上表演节目。过去只有在宽街(相当于美国的"百老汇",它是韩国歌剧院和舞剧院集中的地方。——译者注)才能看到的《歌剧院的幽灵》《阿伊达》等歌舞剧巨作,现在在首尔市的任何一家剧院都可以观看。孩子们从上初、高中时开始,就可以到海外的旅游胜地或景点参观,可以随时上网和朋友们尽情享受网络游戏带来的刺激。

　　所有的这些都是"文明进步"的产物。现在我们经济上优越富足,文化上丰富多彩。目前我们国家的人均国民生产总值已经超过 1 万美元(2006 年韩国人均国民生产总值为 1.57 万美元。——译者注),已经达到发达国家水平。人们现在开始关心什么时候这个数值能超过 2 万美元。是我们国家的经济能力让我们享受了富足、多彩的生活。但是,成就的背后,多少人付

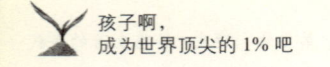

出了"鲜血"和"汗水"啊！如果一代人的努力可以用30年来概括的话，那么现在的成就，应该是两代人共同努力的成果。

爸爸高中时，从一个当过团长的老人那里听到了关于"6·25"（6月25日是朝鲜战争爆发的周年纪念日，韩国人称做"韩战纪念日"。——译者注）的故事，非常凄惨。他说，50多年前朝鲜战争爆发，无数人流离失所，没有东西吃的时候，只好把树皮剥下来煮着吃。当时，艰难和贫困就像铁链一样紧紧缠绕着整个韩国。国内没有工业生产的基础，所以不仅没有可以制造国民生活必需品的工厂，也没有开办工厂所需的资金。你们的爷爷就生活在这样的环境里。

几个月前，韩国向伊拉克派遣战斗部队，引起全国人民的关注，这让爸爸想起了小时候越南战争爆发的情景。一场毫无正义可言的战争，却让韩国的年轻人在战场上白白牺牲。

朴正熙总统梦想在国内政治上实现终身政权。1961年他发动军事政变掌握政权后，集中精力发展韩国经济。他对越南战争的定义是：越南战争可以成为带动国内工业发展、筹措资金的手段。现已更名为POSCO的浦项制铁（韩国浦项综合制铁株式会社，全球最大的几家钢铁生产商之一。——译者注）也是在越南战争结束后创办的。你们爷爷的那一代是那个时代的主角。

为了消除贫困和饥饿，韩国开展了新村运动，从国外借钱来兴建工厂。这也成为韩国工业化的起点。当时"成长主义"政策造就了你们现在很熟悉的三星、现代和LG等大企业。富商们创办了很多的工厂，创造了很多就业机会。从以大米为代表的农业社会向工业社会的过渡，也让很多工人有了新职业。

随着工人运动的深化，发生了"全泰一焚身事件"（20世纪70年代，全泰一集结工人争取改善工作环境，并用自焚死谏的方式结束年轻的生命，最终促使韩国政府正视问题，并修法改善劳工权益。——译者注），可以说，这是工业化进程带来后遗症的代表性事件。不管怎么说，你们爷爷那一代为了摆脱艰难困苦，付出了辛勤的汗水和努力。

接下来的一代是和爸爸年纪相当的"386一代"。"386一代"是指出生于20世纪60年代，在80年代上大学时赶上韩国的大规模民主运动的那一代人。

工业发展解决了温饱问题，国民收入得到提高，以纤维制品、鞋等轻工业制品为中心的产业转为以造船、化工、汽车、钢铁为主的所谓的"重厚长大"产业（在大工厂里生产大型机械制品的产业），并从中衍生出更多的工作岗位。人们的居住环境得到了改善，生活在公寓里的人越来越多。

更多的人赚到了大钱，经济的发展使大多数人过上了富足的生活。然而经济富足并不代表一切顺利。在产业化进程中，低工资引发了劳工问题，军人执政导致了军事独裁等问题。但无论怎样，开始追求民主主义的国民力量最终克服了一切困难。

现在我们不需要在总统名字后附上尊称了。爸爸小时候，称呼朴正熙、全斗焕、卢泰愚几任总统时，必须在后面加上"阁下"两个字。在军人政权的统治下，80年代发生了光州大屠杀事件，独裁政权似乎完全脱离了国民的意志。

随着国民收入的不断增加，教育水平的不断提高，人们对民主主义的渴望越来越强烈。1987年爆发的"6·10民主抗争"

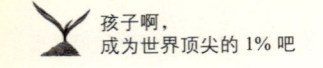

（1987年6月爆发的抗议军事独裁政权延长的大规模民主斗争，在韩国社会的民主化进程中具有极为重大的意义。——译者注），成为白领、学生实现民主化的契机。

金泳三总统是在1961年爆发军事政变后的30多年里，诞生的首位民间总统。你们上小学时，总统金大中成为韩国宪政史上第一位当选总统的在野党人士。在爷爷那一辈建立的经济基础之上，韩国朝着民主主义的方向迈出了坚定的步伐。"386一代"现在已经作为政治领域的新势力浮出水面。

爸爸这一代也不是一帆风顺的，最具有代表性的事件是金融危机。这是一场痛彻心扉的磨难。在国际商业流通频繁的自由贸易时代，韩国因为外汇储备过少，国内的美元储备枯竭，在1997年底爆发了金融危机。无数企业倒闭，很多人失去了工作。韩国最初只顾着朝经济增长的方向发展，没有打牢经济的根基，导致经济震荡。

即使遭遇这样的难关，韩国的经济在经历结构调整和风险投资后，终于在2000年后实现经济复苏，创造了奇迹。你们现在用着世界上最优质的手机，通过超高速通信网络进行网上冲浪，这些都是在2000年以后，韩国成长为"IT大国"才变为现实的。

那么，你们是怎样的一代？和宝儿（韩国巨星天后，是当今亚洲乐坛炙手可热的明星，史上第一个被日韩两国共同追捧的偶像。——译者注）年纪相当的一些演艺明星，还有朴赞浩、李承烨（两人都是韩国的棒球球星，"旅外国手"。因为棒球在韩国非常受欢迎，所以这两位球星都得到了韩国人的爱戴。——译者注）等体育界明星都是你们的偶像；你们想要得到的东西大部分都能得到；你们尽情享受着嘻哈流行风潮带来的快乐，拥有随意将头发染成黄色的自由……总之，**社会的进步使你们想要得到的东西大部分能得到，你们这一代更注重"生活的品质"**。

但不知你们能否守住富足的现状，能否把它传给下一代。在国际政治经济大潮中，你们这一代不能自满，停留在现有基础上。一觉醒来，电视上报道的青年失业问题已经成为预示社会将出现危机的信号弹。关于这个话题我还会详细阐述。

人生礼赞

爸爸讲的故事是不是让你害怕了？那我们讲点别的。1989年，你刚刚出生的时候，比一般的孩子都爱哭，睡觉也是昼夜颠倒。那时候爸爸凌晨上班，你搅得爸爸没办法睡，迫不得已，爸爸只好和你分开，躲在卧室角落里睡。

看到你已经到了为自己设计人生的年龄，爸爸感到非常欣慰。对于你即将踏入这个充满机会和无限可能的社会，爸爸给予你的只有祝福。你就像一朵即将绽放的花朵，准备尽情享受这个世界的美丽芬芳。

我再给你讲个哲学家的故事，他会告诉你，你是一个多么重要和珍贵的人。在爸爸上大学攻读政治学的时候，遇到了一位德国政治家，他让我的世界观发生了转变。他的理论实质就是"利己主义"，他主张极端的自我中心主义。整个宇宙和地球上存在的一切生命都像是一部电视剧，而我是电视剧中唯一的主角，其余的一切是为了衬托我这个主角而存在的。

然而，有意思的是他的结论：正如你认为自己是最重要的一样，别人也认为自己是最重要的，也是作为宇宙的中心诞生到这个世界上的，因此你在尊重自己的同时也要尊重别人。是不是很有趣？这个地球上生存的白人、黑人、东方人、西方人……每一个的存在都是非常重要的。

看到你站在人生的出发点，爸爸真心希望当你到了爸爸这个年龄，你能自豪地说："我的人生是成功的，我是一个幸福的人。"**所以说，你应该对"自己"有一个正确的认识，慎重地判断自己要的是什么，怎样度过自己的人生。**很多人曾说过："稀里糊涂就走到了今天。"是的，在对人生的重大问题做出抉择时，很多人就像在超市里买菜一样，瞬间就作出决定，这使得很多人对自己的人生充满悔恨和自责。

人生只有一次，为什么要在悔恨和苦恼中度过呢？没必要这样。了解你自己，知道自己想要的东西是什么，想一想这个世界需要你做什么，找到最适合你的工作，并从中感受到存在的价值——人要这样去生活。人只有对自己选择的结果满意，才能获得幸福，不是吗？因此，爸爸希望你是个拥有很多梦想的孩子。有10个梦想的人可能会实现其中的两三个，而只有一个梦想的人实现梦想的概率只有50%。不要对你的未来只有一个梦想，去编织更多的梦想吧！不仅要考虑你将来要做什么，还要思考今后该怎样生活。你可以成为受社会尊敬的人，名留青史，你也可以选择去享受美好的人生。所有的梦想和希望都要靠自己的努力才能实现。

苦难造就新生

人生是如此美丽而高贵。实际上，认为人生不幸的人比认为人生是幸福的人多得多。有时爸爸也认为自己是一个不幸的人。凌晨6点被闹铃叫醒，随便吃两口早饭，然后就开始思考上午要写些什么报道。下午无精打采地打字，然后又到了收工时间。拖着疲惫的身躯结束了一天劳累的工作，不知不觉又到了晚上。就这样日复一日，年复一年。爸爸也常常认为自己的人生似乎毫无意义，忧郁的时候找朋友们喝酒，心里不知道为什么那么空虚。这可能是因为爸爸没有创造自己真正想要的人生，选择了随波逐流。这种状况不止爸爸一个人有。

看看爸爸周围的人，实际上很难找到对自己的工作十分满意的人，富人也不如想象中那么多。还有很多人因为没有组建一个美满的家庭而苦恼。**世界上所有的人都有苦恼，因此与幸福相比，那个叫做"不幸"的词总是最适合形容自己。**

人们总是喜欢和别人比较。有一段时间爸爸也是抱着这种想法生活，总喜欢和自己年龄相当的人比较。他们都住在多少平方米的房子里，他们开什么车，他们的孩子教育得好不好等。爸爸在成为记者前的15年里，经常用这种方式评价别人，也用这种标准衡量自己。世界上大多数人可能都喜欢和别人比较，总觉得自己应该比别人好，时刻生活在竞争意识中。看看爸爸周围的人，有些人即使积累了很多财富，仍要为子女问题头痛，因此，物质财富并不能代表一切。爸爸在事业上也遇到过挫折。我曾经辞去了大企业的工作，开了一家餐饮店，想想那个时候

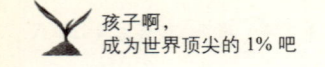

也是很不容易的。

你看了电视里播放的一个关于成功实现人生逆转的节目后,对爸爸说:"爸爸,不要沮丧,在今天的电视里就有很多人比爸爸的经历更坎坷,加油。"虽然你的这番话是为了安慰意志消沉的爸爸,但爸爸却感悟到拥有什么样的心态才是最重要的。

战胜悲伤和痛苦的人任何时候都是最美丽的。几年前的一本畅销书《五体不满足》中的主人公乙武洋匡就是这样的。他因交通事故失去了美丽的容颜,却得到了拥有美丽心灵的李智善。他们都不迷恋自己不能拥有或者已经失去的东西,而是对还拥有的东西心存感激。他们在悲伤面前没有沮丧,是能够堂堂正正面对现实的人。他们是给我们的人生很多启示的老师。我想,上天创造的天国就是为这样的人准备的吧。我希望你们也要拥有这样的美好心态。人生中,任何人都会遇到困难,遇到一些无法避免的危机。有时我们可能会失去最心爱的人,有时我们不得不离开重要的工作岗位。但如果我们克服不了人生中的艰难困苦,就此放弃了自己的人生,那将是一件多么可悲的事啊。如果我们克服了危机,就可以勇敢地站起来,重新满怀希望地继续生活。

规划人生蓝图

爸爸的人生已经过半,回想过去,想得最多的就是"我的人生没有规划"。如果依照设计好的蓝图去生活,爸爸会比现在成功,会为这个社会作出更多的贡献。是爸爸自己错过了机会,虚度了大好时光。

第1章 现实：爸爸生活的年代

在爸爸的人生中，遇到过很多磨难，也遇到过很多棘手的问题，这些都是对自己的人生没有进行很好的规划而导致的苦果。爸爸在选择学什么的时候是这样，在选择自己的职业时也是这样。我没有对未来做好准备，没有认真去思考自己想要什么，而是随波逐流，随意作出决定，还以为"这可能就是我的命运吧"，放弃了选择的机会。

爸爸3岁时，你们的爷爷去世了。爷爷在爸爸的印象中只有小时候照片中的样子。爷爷出生在没落的农村家庭。结束了艰苦的大学学习后，当上了公务员。然而爷爷30多岁就去世了。你们的奶奶就靠做针线活、提供寄宿、开精品店，和爸爸的姑姑一起把爸爸抚养成人。她们真的很伟大。我认为按照你们奶奶希望的生活方式去生活是理所当然的。上高中时，你们奶奶周围

> 人的精力是有限的，只有尽早地做出正确的人生规划并朝着既定方向不懈努力，才可能取得更大的成功。

的人就表扬我说："这孩子学习真好啊，真是个好孩子！"我听了以后，认为这就是孝道，于是更加努力地学习，最后考进了名牌大学。我认为这也是做子女的对母亲应尽的孝道。

大学毕业后在选择职业的时候，我的想法是要让受了一辈子苦的妈妈早一天过上舒服的日子，因此我没有选择自己喜欢的职业，而是选择了赚钱最多的职业，就这样我进了证券公司。

爸爸小时候就梦想当一名记者。在经过了17年的漫长等待后终于梦想成真。虽然爸爸很晚才实现了梦想，但我现在对拥有了记者这份职业感到无比满足。进入大学后，我做的第一件

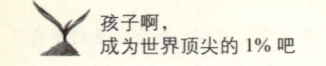

事就是到大学报社当一名记者，在那里我当了一个多星期的大学报记者。但当时，凡是在大学报社中工作的人，都被认为是与政府的政治领导方向相抵触，常被情报机构叫去盘问，严重的话还会被当做思想犯关在监狱里。在你们奶奶的极力反对下，我的梦想只持续了一个礼拜就夭折了。

我参军回来后，一心想着早点就业，四处投递求职申请。首先被录用的地方是 H 集团。该集团有几十个分公司，但后来我听说证券公司的工资最高，于是又给 H 证券公司投了求职申请，后来就在那里工作了十几年。实际上，当时我连证券公司是干什么的都不知道。一个很偶然的机会，爸爸终于当上了记者，到现在为止我已经做了 7 年记者。有时我会想，如果一开始我就如愿以偿，从事记者职业，那我现在会成为一名优秀的记者吗？爸爸还曾想象当伊拉克战争爆发时，作为一个从军记者去报道战争的进展情况呢。

归根结底，都是因为爸爸对人生没有规划才造成了现在这种状况。没有考虑从事什么样的职业才能满意，怎样生活才能幸福，而是执迷于"能赚到多少钱"、"怎样才能成为富人"，最终在人生最重要的职业选择问题上出现了失误。

爸爸希望你从现在开始，认真考虑自己要成为什么样的人，自己想要拥有什么样的人生。如果你已经苦恼了很长时间，那么就花更多的时间去思考怎样建立自己的信念吧。在这个基础上选择职业的话，可能会找到正确的职业理论和人生价值。说不定什么时候你还可能成为大韩民国最大的企业的老板呢。爸爸认为你有能力做到。看到你自己制订目标，并为之努力奋斗的样子时爸爸就会这样想。爸爸认为在你所有的能力中，最突出的就是商业能力。

记得你上初一时，在学校的精品市场卖东西，销售业绩是全班第一名。你被选为市场负责人，因为你卖出去的东西最多。当你们学校的老师夸你东西卖得最多的时候，爸爸就认为你是个有商业头脑的人。你可能不记得了，当时你拿到精品市场里卖的东西都是非常实用的东西。"应该拿些食品和实用的东西，不然的话谁会买啊？"你是这样对爸爸说的。但你要再认真地思考一下，你愿意一辈子都做一名商人吗？如果只是为了赚钱，那你的梦想就没有什么意义了。钱只是一种工具，不是人生的全部。首先你一定要明确，你是为了什么赚钱。为造一座桥，花费在设计图纸上的时间实际上比真正去造一座桥用的时间还要长。首先你要提前考虑到在造桥过程中可能会出现的种种问题，为了能造一座安全的桥，你需要一个计算精确的设计图。

一家公司面临经营困境，想要卖掉公司的主体建筑。因为国内没有其他企业有实力买下这个建筑，就找外商洽谈收购事宜。这家外商要求以不到市场价一半的价格买下这幢建筑，理由是建筑物在修建时施工不过关，重新修整所花费的费用是整个建筑价值的一半。要对一开始就没有打好基础的建筑物重新修整，不仅要花费大量的金钱，还要花费大量的时间。一座建筑物尚且如此，更何况是有思维能力的人呢！对人生做出合理规划是多么重要啊！**现在到你为自己设计人生的时候了。根据这个蓝图描绘自己的人生，绝不能虚度自己的人生。**好了，下面让我整理一下对你在设计自己的人生蓝图时有用的一些建议。

爸爸的建议

爸爸生活的年代

1. 经济富足的时代

随着产业化进程的发展和国民收入的增加，以轻工业为中心的产业过渡到以"重厚长大"为中心的产业。这种转变带来更多的就业机会，改善了居住环境。

2. "386一代"引领的民主化时代

在爷爷那一代人创造的经济基础上，"386一代"的个人收入和教育水平都得到了提高。通过民主运动，人们在这片土地上朝着真正的民主主义迈出了坚定的步伐。

3. IMF金融危机

由于外汇储备过少，国内美元枯竭，导致韩国出现经济危机。经济危机造成无数企业的破产，这时兴起"名誉退休"的热潮，很多父辈因此失去了工作。

4. 新的飞跃

尽管经历了金融危机这样让人心悸的磨难，但在经过一系列的经济调控之后，韩国终于在2000年之后实现经济复苏，创造了奇迹，韩国也开始进入"IT韩国"时代。

5. 第二个金融危机时代

现在韩国经济再次面临了危机。为了在国际竞争中生存下去，企业不得不节省开支，在结构调整的大潮中，爸爸这一代人承受了巨大的压力。

> 你们所处的社会是……

第 **2** 章

未来：你们的世界

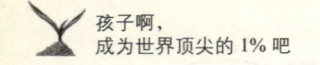

韩国社会的模样

10年后你会是什么样子呢？或许你高中毕业后开始学习你喜欢的经济学，或许从军队退伍，开始社会生活。

爸爸大学毕业，也就是1988年韩国奥运会那年，民主化风潮兴起，整个社会充满了活力。为举办奥运会，韩国推动各种基础建设，社会间接资本（SOC）的投资也变得十分活跃。当时，韩国已经从大量生产现代Pony型小轿车的阶段转向大量生产Excel、Presto AMX等新车型（出口美国型轿车）的阶段。家电三大公司（三星、大宇、LG）也积极推进彩电普及事业。那真是个经济形势大好的时期。

尽管我们在参加一些热门工种的面试时，录用的比例是几十比一，但大部分大学毕业生都能找到工作。我们的工资每年的增长幅度都超过物价上涨率，这反映出经济发展的良好状况。总的来说，我们都是充满希望的工薪族。在卢泰愚总统"建设200万栋住宅"的政策下，全国涌现出一批新兴城市。

到了2016年，你们这一代会变成什么样子呢？爸爸坚信，你们这一代将会更加重视生活的品质。经历了坎坷曲折，我们终于迎来了国民年均2万美元收入的时代。我们走出了以"数量"为重心的时代，将"质量"作为价值的衡量标准。我们就拿最明显的吃的方面来说吧。爸爸小时候，普通家庭只有在摆筵席或是祭祀的时候才能吃到肉。看看现在，我们国家可以自由进口各种肉，而且价格相对便宜，任何人都买得起肉。

10年后你们会是什么样子？将来你们会不会像最近两三年流行的"健康"潮流一样，购买质量好的东西，讲究生活的品质，穿世界流行服饰，用名牌化妆品，听莫扎特演唱会，吃"韩牛"呢？因为动物油容易引发高胆固醇等疾病，为此我们开发了大豆油，现在人们又把橄榄油列入健康食品的行列，其进口量在所有进口产品中名列前茅，这也证明了人们追求"健康"的心态。

这种潮流随着人们工资水平的不断提高而逐步升温。黑格尔说"量变必将导致质变"，不知道这种现象是不是也是这个规律的印证。我相信10年后，你们生活的时代一定也是"品质第一"的时代。现在我们把小部分热衷于这种生活的人视为"怪人"，但10年后，大多数人都会开始变成这种"怪人"。概括来说，那将是一个物质生活极其丰富的时代。

我相信不仅消费方面如此，在政治体制方面也会朝着更加先进的民主方向发展。继军阀总统之后，出现了可以代表国民利益的民间出身的总统。现在的总统非常重视改革。其实现任总统就职后也受到了一些指责，如韩国解放前后的观念冲突重现，改革派总统的统治哲学和很多的保守派产生了利益冲突，

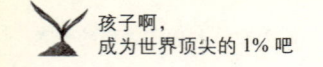

女性维权者和非政府组织（NGO）的势力也越来越大。但我相信改革派和保守派的这些冲突，最终必将使我们国家的国民政治意识更加先进，建立起更加合理稳定的政治体制。

看到你们这一代对政治极不关心，我希望你不要忽视政治决策的重要性。选择不合适的政治领导人，会使整个国家走很多弯路，由此造成的损失最终将由国民自己来承担。因此，你们必须拥有自己的政治信念，为自己能正确行使投票权做好各种准备。据说现在已经有一批20～30岁的年轻人，可以干涉政治领导人的选举进程。你即将达到拥有投票权的年龄，应该准备确立自己的政治理念。10年后，像现在这样不同党派或政治理念不同的人之间的矛盾应该会得到缓和。

> 只有越早地树立主人翁意识，将来才可能更好地融入社会，成为国家发展和建设需要的人才。

爸爸认为人们应该转变政治观念。改革派政党和保守派政党之间应该握手言和，携手为国计民生的重大问题而努力。这就意味着政治家能够反映更多国民的心声，意味着改革派将不断壮大，从韩国民主主义时期开始一直占主导地位的保守主义势力将会受到削弱。

10年以后，说不定爸爸会不看好你支持的政党，或许我们还会为此发生争执。大人们常常都是保守的，而年轻人一般都比较激进。政治民主化将推动整个社会向前发展。我相信民主政治将来一定会改善人们的生活。

读读罗马的历史，恺撒大帝统治下的君主体制，通过建立元老院和平民会议，可以将罗马市民的呼声及时反映到政治决策中，罗马帝国也因此延续了数百年的繁荣。事实上民主主义的发源地是希腊，但却在罗马发扬光大。

今天，美国作为世界第一强国，在全世界起着举足轻重的作用，而其国家优势还会持续很多年。美国将罗马的民主主义充分发展，作为民主主义的传道士，仅从美国总统通过间接选举产生这一点上看，美国的确是忠实于罗马民主主义精神的。我认为民主主义这种政治形态是统治阶层和被统治阶层可以共存的方法。10年后，民主主义政治将会得到更充分的发展，一想到你们将在这样的"政治伊甸园"中生活，爸爸就感到非常高兴。

还有不可忽视的一点，"8·15解放"（1945年8月15日，日本投降，朝鲜半岛解放。后来韩国和朝鲜都将8月15日定为光复节。——译者注）后，朝鲜半岛分裂成南北两个国家，我相信10年后的统一大业将会向前迈出一大步。爸爸这一代人是流着眼泪高唱《我们希望祖国统一》歌曲的一代。尽管受到理念的局限，韩国方面主张在韩国意识形态主导下实现统一，但爸爸这一代不会对任何形式的统一说不。当人们看到80年代末南北离散家属第一次会面的场景后，谁会不为之动容？谁又能忍住激动的泪水呢？要求统一的呼声已经越来越高涨。

10年后，统一大业对你们这一代人来说是十分重要的责任。10年后，韩朝之间的经济差距会更大，如果朝鲜能更多地进行改革的话，统一就会更快地到来。朝鲜战争之后，美国和中国视彼此为敌对国，中国于是开展了乒乓外交（美国和中国通过派遣乒乓球代表团展开交流活动），之后中国通过开放市场和经

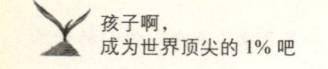

济体制改革，在不到30年的时间里，发展成世界经济大国。10年后，朝鲜也会出现很多我们意想不到的变化。到那时，统一大业对你们这一代来说已经不是梦想，它拥有实现的可能性。

国家统一是一项需要大量资金的事业，而且还有可能将韩国经济拖入更加停滞的状态。

第二次世界大战后，德国分裂成东德和西德两个国家。1991年柏林墙被推倒，德国统一了。世界各国媒体广泛关注的是1991年之后，准确来说应该是12年之后的2003年，德国国内生产总值（GDP）增长率跌至0%，同时也出现了"德国病"（为追求完美的社会保障制度，使企业和国家的负担变大，这是一种被经济拖累的现象。——译者注）这个新单词。德国在从1990年到2000年这10年的时间里，投入1兆美元（韩国的计量单位"兆"相当于现代中国的"万亿"。——译者注）用于恢复原东德地区的经济。但据说德国政府总支出费用的10%以上都被用于社会福利政策。东德和西德经济水平差距过大，用于东德经济基础建设的费用也很庞大。实际上，德国是经过20多年的时间才实现了统一。由1972年的《东西德基本法》开始，双方恢复自由往来和通商，再加上之后受到苏联解体的影响，自然而然实现了统一。

那么再来看看我们国家的情况。1972年发表了《7·4南北联合声明》（1972年7月4日韩朝当局就统一问题，在领土分裂后首次达成了具有历史意义的《7·4南北联合声明》。——译者注），韩朝就祖国统一三大原则（自主、和平、民族大团结的原则。——译者注）达成协议，1992年又发表了《韩朝基本议定书》，韩朝之间开始了贸易往来。虽然是限制性的，但韩朝交流成为了可能。听说最近韩国人到金刚山旅游或者到平壤旅游也即将成为现实。韩国参与朝鲜开城工业园区开发也是韩朝交流进一步深入的典型事例之一。从德国统一的实例来看，10年内韩朝即使没能实现统一，统一大业也会向前推进一大步。

那么统一对你们来说意味着什么呢？意味着你们将承担起统一大业所需要的庞大费用。可能对你们来说，你们更能接受"我们只希望扩大双方交流，不希望统一"的主张。但爸爸认为，无论付出什么样的代价，你们这一代人一定要实现统一大业。即使不是为了维系我们悠久的历史，想想这些说着同一语言、流着相同血液的人们生活在同一片土地上却拥有着不同的国籍，这不是很可悲吗？韩朝合二为一之后的潜力和发展空间将不可限量，这是一种强大的国家竞争力。如果你们这一代勇于承担历史重任，你们的后代将能够生活得更加幸福，这就是我们要实现统一的最大理由。

德国为了实现统一投入了庞大的资金，制定了统一政策，为减少东西德之间的差距而想尽办法，因为东德和西德作为单一民族，在培养国家综合竞争力这一点上形成了共识，才能形成德国现在良好的发展局面。

10年之后，当你们这一代已经成为社会舞台的主角时，希望你们能付出加倍的努力，为实现统一奉献自己的力量。那时，国家统一将成为轰动世界的大新闻。**我相信你会对统一的价值、统一之后带来的变化进行认真的思考，这将培养你对事态发展的预测能力，成为你不同于别人的特殊财富。**

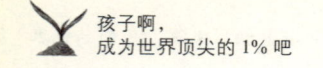

世界轴心将转向亚洲

　　10年后国际政治将发生巨大变化，我们应该注意到这点。爸爸突然意识到，你们这代孩子中很多人有反美主义倾向。2002年夏天，人们沉浸在世界杯的狂热中，我听到你的电脑播放着一首名为《美国佬大混蛋！》的歌曲。这是一首反美歌谣，你们像唱流行歌曲一样在传唱。所以当伊拉克战争爆发时，你问我"我们为什么要派军人到伊拉克去"，爸爸真的不知道该如何回答。

　　在这个过程中，爸爸深深地感受到你们强烈的反美情绪。很多媒体对现在美国共和党强硬的执政作风也非常反感。我想是美军装甲车轧死韩国女中学生事件，还有修改SOFA《驻韩美军地位协定》等问题让大多数韩国民众产生了反美情绪。但爸爸的意见是：我们应该理性地对待美国。因为，从现实来说，无论是分裂还是统一，对于夹在列强中间的韩国来说，美国无疑是对我们产生最大影响的国家。二次世界大战后，爆发了朝鲜战争，作为韩国的盟友，美国发挥了制约以苏联为首的共产主义国家联盟的作用。后来美国最大的敌对国——苏联解体，美国成了世界的轴心国。随后美国达到了全盛时期，享受"依靠美国来维持世界和平"的荣耀。无论是"反对恐怖主义"，还是"反对邪恶轴心"，美国都是一副保守主义者的面孔。后来相继发动了阿富汗战争和伊拉克战争，从这一点来看，美国一直充当着世界警察的角色。一直支持美国和英国对抗、推动美国独立的法国这一次也反对美国向伊拉克开战，由此看出美国的霸权主义也正在受到各国的牵制。欧洲各国成立的欧盟组织可能就是出于牵制美国霸权主义的目的而建立的。

爸爸曾想过：让美国以国际社会的领导者自居，陷入"国家利益至上"局面的力量是什么呢？从宗教上说，美国是个用清教徒武装起来的国家。美元上印有"我们信仰上帝"（In God We Trust）这句话，显示美国是信奉基督教价值观的国家。也就是说，美国似乎一直坚守从建国以来就存在的价值观。从美国为黑人申张人权的历史来看，我们就可以了解美国部分民众为捍卫"平等"的民主主义做出的巨大努力。马丁·路德·金在美国受到了极大的尊重，这位黑人人权运动家是为黑人争取平等权利发挥了重大作用的宗教领导人。

美国大部分人都非常努力地遵守着"人权是上天赋予的权利"，即"天赋人权"这一法则。让爸爸给你讲讲从外国媒体听来的一则故事吧。有一位在伊拉克战争时参加反战运动，之后又参加了伊拉克维和行动的中年妇女，她说自己的儿子在"9·11"恐怖事件中丧生，"我失去了儿子固然很伤心，但看到那些无罪的人在伊拉克战争中饱受煎熬，我也是不能忍受的"。她在被炮火笼罩的伊拉克充当了保护儿童的人肉盾牌。

1980年，韩国爆发"光州惨案"（1980年5月18日，韩国全罗南道光州市道厅广场上爆发了反对全斗焕的示威游行，全斗焕政府却在美国政府的支持下，秘密调集军队，并将拒绝撤离主楼的市民和学生全部枪杀。——译者注）时，军队代替国家行使一切权力。军队通过下达戒严令，对国内媒体封锁了关于"光州惨案"的一切消息，而美国的媒体未经过任何过滤便将这些

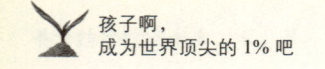

消息传播给全世界。

在美国国内也不是所有人都只强调美国的国家利益，还有很多人为全人类的事业而奔波，凭自己的良心做事。我想他们是以美国的价值观为依据做事的。这是一种无形的力量。美国霸权主义正走向一条逐渐衰退的道路。目前，已经形成了和美国霸权主义相抗衡的新轴心，这是不容忽视的一点。**正所谓"中国的时代"已经到来。**

虽然我们仍将中国看成是韩国的生产基地，但中国已经站在了复苏亚洲的中心位置。因为毛泽东领导的共产主义国家——中国通过经济体制改革，已经成长为市场经济国家。今年，爸爸到上海出差时大吃一惊，让我吃惊的不是因为城市的规模宏伟，而是因为看到中国能迅速适应日新月异的世界发展潮流。全世界人口有60亿，其中13亿是中国人，也就是说平均4个人中就有1个是中国人。从中国的高经济增长率就可以看出中国的潜力。中国自1980年以后，一直保持着两位数的高经济增长率。最近每年也能保持7%～8%的高增长率。在世界经济整体不景气的2001年，只有中国保持了出人意料的经济增长。

再看看我们国家吧。自1960年以来，韩国一直致力于高增长的经济开发，也保持了两位数的经济增长率，到1990年的30年的时间里也保持了持续的经济增长态势，使以前年均收入不足100美元的国民收入增长了100倍以上，远远超过了发达国家的1万美元标准。几年前，由于韩国物流大乱，中国上海的物流量一跃成为世界第一位。中国还开展了仅次于美国西部开发的西部大开发，这是非常值得注意的一点。中国西部的面积占总面积的 56%，人口数量却只占总人口的 23%，人均收入只相当于东部地区的 1/10，是一个落后的地区。但中国政府为了西部开发，修建了水道和高速公路，想利用这一地区的资源作为新的国家发展原动力，所以制订了这个充满希望的计划。这项大工程历时几十年，必将带动中国的均衡发展，并为开发新的生产力奠定基础。

如果留心观察就会发现，中国的产业结构就像我们 20 世纪 80 年代时那样，逐渐向重工业的方向倾斜。无数外国汽车、钢铁、化学、电子工厂进入中国，而且中国正以惊人的速度追赶着在手机、家电产品等技术上处于世界领先地位的韩国和日本。世界各国一些优秀的金融机构基于战略的考虑也将自己在亚洲的总部迁至中国。继相当于中国人口 1% 的中国式富豪出现后，适应自由市场竞争的中产阶层也逐渐增多，由此我们可以推测中国的发展速度是何等之快。

不仅是中国，位于亚洲南部的印度也逐渐强大起来，成为新兴发展起来的大国。 1990 年以来，印度一直保持着高达 6% 的高经济增长率。这一数据比韩国的经济增长率高出许多，美国等发达国家的经济增长率也只保持在 2% 到 3% 左右，而印度的经济增长率几乎是这些国家的两倍。印度拥有 10 亿人口，是仅次于中国的人口大国。如果简单认为印度人均国民收入只有 400 美元，只相当于韩国 20 世纪 60 年代的水平，这是一种不正确的看法。印度有 10% 的人口精通英语，这些人将印度打造成了全世界最具代表性的软件大国。印度的软件产业以每年 20% 到 30% 的增速快速增长着。

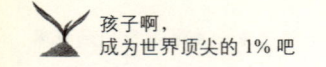

印度的优势在于英国殖民统治的历史为它培养了一批精通英语的优秀人才。如果说中国是全世界最大的硬件供应商，那么印度则是全世界IT（信息技术）领域的软件供应商。2005年9月，微软决定在印度投资320亿美元进行软件开发。现在印度的软件出口额一年能超过100亿美元，据说印度的IT中心——班加罗尔聚集着来自全世界100多家IT企业的研究所。不久前，世界第一大半导体企业英特尔公司董事长安德鲁·葛洛夫预测："到2010年印度的软件技术将超过美国。"

一直在沉睡的日本正从冬眠中醒来，这也是一股不可忽视的力量。日本曾对韩国进行了长达36年的殖民统治，它曾经的梦想就是要当全亚洲的盟主。到现在为止一些日本政治家仍然残留着"亚洲日本化"的妄想，这正是日本军国主义势力的体现。韩国政府的高层官员认为，日本一再发表试图掩盖侵略亚洲国家历史的言论，正是源自它想成为亚洲盟主的野心。日本经济的高速增长一直持续到20世纪80年代，并成为当时世界经济的中心国家。然而进入20世纪90年代，由于不动产价格的暴跌和低利率、低增长，日本经济陷入了长期不景气状态。腐败的企业和金融机构泡沫资产不断被揭露，政经勾结达到了极限，无数金融机构破产，企业也失去了过去的生气。但从2005年开始，日本聚集了全世界的投资资金，证券市场出现复苏的趋势。这是日本即将从长达10年的经济停滞局面中摆脱出来的信号。

美国在20世纪80年代也经历过长期的经济停滞状态。当时，美国产业竞争力下降，在和其他国家的贸易往来中遭受损失,由此产生了大量的贸易赤字。而政府花费的大量财政经费也产生了财政赤字,这就是所谓的"孪生赤字"。美国的名声也因此一度受到极大的损害。但20世纪90年代以后,美国以网络时代的IT业作为新武器,为今后10年的经济大发展奠定了基础。

日本的情况也很相似。对泡沫经济体制的大手术和对不景气企业的停业整顿,为新的经济增长打下了坚实的基础。爸爸认为,日本对超微产业、机械产业和生物产业孜孜不倦的研究开发成为日本实现新的经济增长的踏板。日本已经摆脱了长期经济停滞的局面,再次走向了一条经济增长的道路。因此日本有可能想重新恢复其在经济上、政治上亚洲盟主的地位。

中国和印度的经济正在实现高增长,日本正从沉睡中醒来,这是"亚洲"在你们这一代将成为世界中心的信号。

以技术和知识为中心

观望国际社会,"美国主导下的世界和平"正向"中国主导下的世界和平"转化,在这期间科学技术和人类的知识产业正以前所未有的速度快速向前发展。10年以后,作为经济主体之一的企业创造出来的商品种类一定也会发生改变。

首先我们可能会发现未来可能是无形商品代替有形商品的时代。现代社会是一个高度消费的时代,而今后将进入一个超越高品质商品、销售无形商品的时代。爸爸这一代,大批量生产的商品能够以低廉的价格供给我们,但是在将来,质优而又低价的商品会占主导地位。过去以东大门市场、南大门市场为

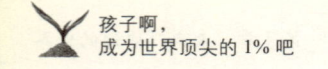

代表的旧货市场发挥了积极的作用，20世纪90年代以后，百货店、E-Mart（韩国的折扣连锁店。——译者注）等量贩式商店大受欢迎。

通过网上交易，进行批量销售的新流通革命也是爸爸这一代出现的经济变化之一。从29英寸的大屏幕电视到54英寸的液晶电视、高清电视、数字电视、卫星数字多媒体，新的视听设备的普及不过是最近的事。也许10年之后，销售商和消费者可以通过数字电视或者是电视媒体实现物资交流，形成双向流通的平台。如果发展到这种程度的话，无形的商品将会支配全世界。因为夸大其辞的广告而使网络商城的移民商品（帮助移民制订发展规划、学习生产技能、选择致富的途径等服务都属于移民商品。——译者注）遭受质疑，可能是将来会出现的现象之一。

尖端科技的发展创造出比现在的新形式服务更加便利的服务形式，使过去根本不可能提供的一些服务逐渐变为可能。举例来说，大概两年前，所有人的手机铃声加起来充其量只有10种，可现在已经有几千、几万种了。著名歌手最新推出的热门曲目，第二天就会成为大家的铃声，制作铃声的公司通过网络下载业务也获得了不菲的收入。网络游戏开发公司也不断开发新游戏，在网络上销售和购买生活用品的现象正逐步普遍化，它就像在现实中买卖商品一样便利。这种现象在大约10年后可能会成为一种生活习惯吧。

如果用一个词来概括这种现象，那应该是创造"新价值"，而不是"附加价值"。"附加价值"是说如果在商品上附加一个创意，商家就会得到更多的利益。例如在1辆只有单一功能的汽车上增加一些新功能。一个只有单一功能的手机和一个采用了新技术的手机，在功能上哪怕只有细微的差别，新手机的价格就可能会比单一功能手机高两倍。这些都属于"附加价值"的范畴。

  最近，到处都涌现出各种"新价值"。韩国具有代表性的汽车空调企业之一的万道机械公司几年前生产的"泡菜冰箱"大受欢迎。如今几乎每个家庭都拥有一台"泡菜冰箱"。泡菜是韩国的传统食品，在农村里，人们都要把白菜埋在地窖下面，发酵之后才能使泡菜味道纯正，考虑到后来大多数家庭都住上了公寓，万道机械公司才生产了"泡菜冰箱"。不仅如此，市面上还有专门冷藏化妆品的"化妆品冰箱"，还有为葡萄酒爱好者准备的"葡萄酒冰箱"……这些产品的出现都是创造"新价值"的典型事例。还有，车载卫星定位导航系统的研制也是很有创意的。利用人造卫星确定现在的位置，然后提供一条车流量少的路，这种服务也是以前没有的"新价值"。那么像这样的"新价值"是从何而来的呢？无疑是从"尖端技术"和"智慧"中来。之前，人们只是在头脑中想象，技术水平达不到，因此想象也只是空想，但是现在技术发展了，人们的想象终于有可能变成现实。

  在医疗领域，男性因为"无精子症"而生不出孩子是一件很尴尬的事情。以前对于这种病症，唯一的方法是利用别人的精子生孩子。但最近一所大学的附属医院宣布，已经成功培养出睾丸干细胞，完成了人工制造精子的实验。人类克隆技术因涉及到伦理问题而一直备受争议，虽然人们对遗传技术的界限

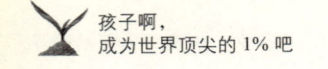

究竟在哪里还存在很大争议，但科学家利用遗传技术，已经找到了一两个疑难病症的解决方法。

高科技能够不断地提高人类的智力水平，这也是非常鼓舞人心的。当20世纪80年代网络刚开始普及时，人们无法预测到它所带来的巨大变化。就像发现距离很远的人有相互通话的需求才发明了电话一样，网络也会成为新技术的源泉和新知识的宝库。

实际上，对以前只有在大学里才能获得的专业教育以及其他各种专业知识，现在我们可以通过网络轻松地学习到。网络为我们灵活运用各种信息、开发新知识创造了条件。

10年后，网络将从现在的有线通信网转化成无线通信网，它所占有的体积也会越来越小。也许我们以后随时随地都能上网，网络的"普及"时代将正式到来，或许还会有比网络更强大的虚拟空间出现。

个人能力就是财富

儿子啊！只要爸爸一想到你们这一代的生活会比我们那一代更加充满希望，就觉得无比欣慰。多劳多得，不劳无获，你们的社会将是能够体现个人价值的合理社会。

爸爸这一代，很多人的经历几乎一样。在企业工作4年后成了代理，再过4年就成了科长。如果没犯什么大错误，就可以随着年龄的增长而晋级，并得到与之相应的社会地位。整个社会的氛围使得那些能在团体中建立良好人际关系的人比个人能力卓越的人得到更多的好处。

金融危机后，世界发生了日新月异的变化。"年功序列制度"（根据年龄决定级别的日本式制度）逐步消失，根据能力决定收入的"年薪制"（根据为公司创造了多少利益决定工资的制度）正在被广泛采用。与人的学历和背景相比，个人能力成为能享受多少待遇的标准，整个社会都在逐步实施这种标准。

有人20多岁就进入了企业的管理层，你自身能力的高低决定你能得到怎样的机遇。因此，人自身拥有什么样的能力，通过什么方式为企业带来收益，成为判断人才最重要的标准。

最近，这种趋势正以惊人的速度发展着，同时也出现了部分40多岁的人过早失业的社会问题。尽管可能会受到不小的社会阻力，但10年后，年薪制和根据能力衡量个人价值的标准将变得极为普遍。

在这样的时代，人才是最宝贵的资源。拥有卓越技术能力和超凡创意的人在企业的价值创造链上将占有越来越大的比重，因此你们在评价自己的时候应该经常想"我就是财富"。**要将"我"这个人的能力发挥至最大。**如果你意识到这种能力就是竞争力，就是商品，这本身就意味着你是一个具有竞争力的人。

爸爸身边有一位非常有能力的做基金的朋友，这位叔叔的大名经常被刊登在报纸上，他是一位总能取得投资高收益的明星基金经理。现在他已经被提拔为一家专门从事基金运作的公司的总负责人。这家公司在考察这个叔叔的时候，没有考虑其他因素，只看重他买卖股票取得收益的能力。

在体育界，同样以能力作为任用人才的标准。泰格·伍兹成为最年轻的四大顶级高尔夫球职业巡回赛的冠军之后，签约了耐克运动品牌，并使耐克成为世界最大的运动品牌之一。伍兹真是一位伟大的高尔夫球选手。这难道是因为泰格·伍兹的学历或者出身而获得的成就吗？美国高尔夫球界对黑人的歧视比其他任何领域都严重。泰格·伍兹能在这个竞争激烈的舞台上崭露头角，是因为他拥有非凡的高尔夫天赋和资质。一句话，因为他的高尔夫球打得最好，所以受到了"高尔夫皇帝"的待遇。

谈到游戏，作为动漫游戏这个新领域著名的动漫职业玩家的任耀翰和洪镇浩，现在一边玩游戏一边赚钱，他们交给一家通信公司的《星际争霸》（韩国设计推出的网络游戏。——译者注）一举获得了1亿韩元（约为人民币50万元。——译者注）的奖金。

> 与人的学历和背景相比，个人能力成为能享受多少待遇的标准，整个社会都在逐步实施这种标准。

以前沉迷于游戏只会导致魂不守舍，衍生出很多问题，可是现在连游戏玩得好也成了一种能力。职业动漫玩家在一次比赛中获得的奖金，比老爸工作15年拿的工资要多得多。这种趋势真实地反映了个人自身的能力决定自身价值的社会标准。

不仅如此，一些好的创意也能带来丰厚的利润。某个公司想出了网络竞拍这个创意，他们在网络上提供竞拍买卖东西的服务，为此就获得了1兆韩元（约为人民币50亿元。——译者注）的巨额收入。这个简单的创意创造出了新的价值。"Daum"（韩国著名的网站 www.daum.com。——译者注）网站的创始人李在龙想出了开办网络社区的点子，建立了可以让人们在网络上自由对话和交换信息的网站，并成为了著名的风险企业家。现在他的公司已经成长为销售额突破 1 000 亿韩元（约为人民币 5 亿元。——译者注），并仍有上升空间的中坚企业。

让我们来看看比尔·盖茨创办微软公司的历程吧。比尔·盖茨从哈佛法学院中途退学，刻苦钻研他所喜欢的电脑语言，后来开发出著名的基础电脑语言"BASIC"，并将自家的车库改造为微软公司。现今微软公司开发出来的 Windows 操作系统已经成为全世界绝大部分电脑的运行平台（O/S）。对电脑语言的开发和对电脑发展趋势的深刻认识，已经使比尔·盖茨成为世界首富。2005 年他的个人财产达到了 466 亿美元。

世界著名体育用品公司耐克公司也是依靠创意致富的典型例子。耐克公司在全世界没有一家自己的工厂，却取得了巨大的成功。耐克公司的方法是，由中国等国家提供工厂并负责生产产品，而耐克公司只负责产品设计和市场开发，同时严格加强品质管理。耐克公司只对工厂生产出来的产品品质负责，减轻了设立工厂所带来的负担，再利用泰格·伍兹的明星效应，强力推动市场销售，最终成了世界级的大企业。耐克公司"不设立工厂"的这个具有划时代意义的创意，取得了巨大成功。

由此看来，**创意已成为创造新模式事业、创造新价值的原动力**。请为寻找新的创意而继续努力吧！只属于你自己的创意将会为你带来独一无二的机会。

为此，你有必要将所有精力投入到你所关注的领域中去。只要真正投身到自己喜欢的事业当中，就可以创造出这一领域的顶级创意。创意迸发后是将它利用起来，还是将它封存起来，这由你自己决定。

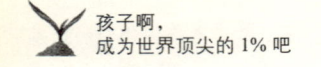

担心韩国社会的几点理由

我们的国家不仅面临着全球发展所带来的机遇与威胁,国家的内部问题也日益突出,如人口问题、经济结构调整问题、国家与人民的矛盾问题等。解决这些问题不仅仅是国家领导人的任务,更是需要全体韩国人民共同努力来完成的任务。

失去国际竞争力的韩国经济

韩国在手机、半导体、造船、钢铁、化工等领域的产品都是具有世界竞争力的,这些领域就像带动韩国经济发展的引擎。在 IT 领域,韩国已经有相当一部分商品的竞争力落后于印度。

亚洲时代即将来临,而现在的韩国正在孤军奋战。韩国的一些企业因为国内的高工资、投资困难、政治不稳定等因素争先恐后地将生产基地转移到中国。

现在,企业用于建厂和研究开发(R&D)的费用正在逐渐减少。通过投资才能生产更多的商品,从中获得利益后才能进行再投资,对设备投资的不足是韩国经济将陷入长期停滞状态的预警信号。

不久前,现代汽车集团在美国亚拉巴马州开设了一个年均生产 30 万台汽车的工厂。亚拉巴马州州政府无偿为现代汽车集团提供土地使用权,并为韩国员工的教育、福利项目提供援助。

再看看我们,无论是外国企业还是国内企业,要进行投资都必须经过复杂的法律程序审批,再加上昂贵的工厂用地租赁费等不利因素,要建一个新厂是很困难的。如果我们这一代能够使韩国在国际竞争中获得更好的发展条件，你们这一代就不用再经历美国和日本曾经经历过的经济危机了。

国内企业正沦于他人之手

在提高韩国国际竞争力的过程中，不断有新的问题出现。亚洲金融危机之后，韩国政府在吸引外国资金上不遗余力。因为经历了金融危机之后，韩国已经不止一次深刻地认识到外国资金的重要性。但在吸引外资的过程中，很多在国际上具有竞争力的韩国企业实际上都被外国人所掌控。在国内资金储备不足的情况下，外国资金掌握了国内大企业的大部分股份，这不能不说是一个严重的问题。

当然，从全球标准来看，外国人、外国金融机构增加对韩国企业的投资可以看做一个好现象。但是，由此会产生在今后对这些企业，甚至对韩国的经济增长带来负面影响的副作用，这让人更为担忧。无论是三星电子，还是SK电信、国民银行、现代汽车、KT&G（韩国烟草公司。——译者注）和POSCO（韩国浦项制铁公司。——译者注），在这些国内主要企业，外国人持有股份的份额均占企业全部发行份额的一半或者一半以上。在这种情况下，外国人有能力挤掉大股东，掌握企业的经营权。

这种状况给企业经营带来重大的影响。外国投资者要求更多的分红，并开始干涉企业的经营模式。从另一个角度来说，这些外国投资者发挥了一定的积极作用，他们帮助企业提高了透明度，并使韩国企业更加接近国际标准的经营模式。

以收益为目的的经营理念，成为经营者放弃一部分企业控

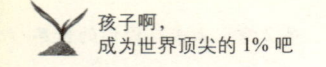

制权的主要原因。如果这些企业不注重为新设备投资，只重视自己能否回收成本并获取收益的话，国家经济将遭受巨大的损失。从这个角度来说，国内的金融机构应该发挥宏观调控的作用，比如说监督国内企业持有一定份额的股份，稳定企业的经营权。但国内的金融机构自身也存在一定的问题。

让我们来做一个假设。如果韩国最大的企业、目前国际IT业的领军人三星电子将公司转移到国外去，将给韩国带来什么样的影响呢？爸爸认为已经制订了全球战略的三星电子将公司转移到海外不是没有可能的。到那时我们就不能再把三星电子说成是韩国企业。即使三星电子没有被外国企业合并，三星电子也会以未来的发展为由，将公司总部转移到海外，甚至将主要的工厂也迁至海外，这将对韩国经济造成致命的打击。

我们不能一直认为这种假设是不成立的。**在国际竞争越来越激烈的情况下，企业关注的不是它能为国家经济作出多少贡献，而是企业一定要符合"企业生存法则"。**不久前，三星电子将很多新职员派往海外分公司，这也体现了三星电子定位于全球经营目标的决心。

落后的政治阻碍经济发展

你们可能经常听到大人们说"经济上已经比较发达，政治上却很落后"。韩国在半个世纪以前接受了民主主义和资本主义，在以"发展"为中心的政策指导下，韩国的经济发展已经步入了正轨，但政治制度依然十分落后。

国会负责制定国家法律，但国会议员把主要精力放在了政治斗争和追求利党战略（追求对自己政党有利的战略）上，根本不重视民生问题。每年有很多申请立法的提案，它们几乎不经过任何审议就自动地被否决，只要看看这些现象就知道韩国政治有多么落后。

国会议员不是为了国家利益而工作，也不代表选区利益，他们总是戴着一副正人君子的面具为自己谋利益。每当召开定期国会时，国会议员的到会率都非常低，甚至有一些议员根本不遵守开会时间。官场利益关系错综复杂，一些政治家打着政治资金的旗号，收受巨额贿赂，这种行为遭人唾弃。一些政治家甚至认为从企业那里收取好处费是理所当然的。虽然那些收受非法政治资金的国会议员已经被关进了监狱，但韩国落后的政治确实让人担忧。

爸爸认为这些问题绝不应该和经济问题分开来看。企业已经形成提供政治资金以获取自身利益的风气而不能自拔，他们认为，"要想把企业经营好，必须得到政界人士的支持，因此，付出政治资金是天经地义的"。

不可否认，企业提供非法政治资金将导致政治腐败并最终导致国家经济的垮台。企业花在政治家身上的钱只能用提高产品价格的方法补回来，这使韩国商品和那些政治透明度较高的国家产品相比，在价格上没有竞争力。想想别人用100元就能生产出来的商品，我们加上政治资金后却需要110元才能生产出来，消费者当然会选择100元的商品。

政治落后还将使自由竞争的原则遭到破坏。当国家挑选用以实施国家重要政策的企业时，如果选择了提供非法政治资金

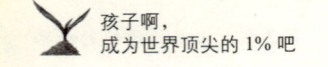

的企业，将会让那些本身具有实力的企业陷入落后、被动的局面。这种政经勾结的现象最终将导致国家竞争力的削弱。

那些所谓的"政治家"甚至认为要想增加国家政策的透明性，就必须把企业缴纳的税金（法人税）的一部分用做政治资金。爸爸认为：如果韩国在政治上不能摆脱落后的局面，韩国就不能在发达国家中立足。因为大多数人已经意识到，政治是推动社会健全发展的关键因素。

物质万能主义

不久前，全国刮起了一股"致富风"，好像读完一本书就能成为富人一样，各大书店的畅销书清一色都是与致富有关的书籍。爸爸感到一股资本主义的物质万能风潮正在向我们袭来。大家都想赚钱，但对怎样用正确的方法赚钱，以及把钱用在什么地方才能发挥它的最大价值，却没有具体的概念。在经济危机爆发的过程中，最具代表性的现象就是"贫益贫，富益富"，而中产阶层在消失。这是人们为了赚钱可以不择手段的思想蔓延的结果。

在美国，富人们认为捐赠是很光荣的事。我给你讲讲美国钢铁大王卡内基的故事吧。卡内基是个虔诚的基督教徒，他将赚来的大部分钱用于给全国的教会配备管风琴。他认为将自己赚到的钱财回赠给社会是理所应当的，这是一种"新教伦理意识"上的觉悟。

美国社会为了奖励捐赠行为还制定了专门的税收制度，为各种捐赠行为提供税率上的优惠政策，所以捐赠就更加自然地发生了。如果这种税收制度没有得到全体公民的认可，它也是不可能实施的。

韩国最大的企业三星集团的董事长李健熙巧妙地规避法律，将公司债券（可以转化为股票的债券）转到儿子李在镕的名下，利用投机取巧的方式逃税的行为，遭到了社会的谴责。如果李健熙合法纳税，用正常的方式让儿子继承财产，韩国国民会对三星经营方面取得的成绩以及三星跻身世界级企业报以更多的掌声吧。但这就是现实。三星集团会这么做，其他企业也会这么做，逃税甚至被当成一种生存技巧而受到广泛欢迎。

有一个词叫"贵族义务"（Noblesse Oblige）。**这个词起源于罗马，意思是社会的上层阶级应该承担与其经济能力对等的责任和义务**。在古罗马，要成为上层阶级，必须参加过卫国战争。这和韩国上层社会的情况有着根本的区别。当韩国国会议员的孩子陷入兵役丑闻时，他们的父母却在高喊"我的儿子例外"。虽然男子服兵役是再正常不过的一项制度，但英国王室的王子们都认为到军队接受锻炼是很光荣的一件事，这难道不应该引起我们的反思吗？

教育和考试制度的问题

让你们深陷考试泥潭的教育制度也存在着很大的问题。学生们从早到晚埋头苦读，忙于复习考试，我认为这种现象和不良的社会风气不无关系。因为人们普遍认为考大学是提高身份地位的唯一途径。只要在司法考试中合格，你的一生就有了保障；只要在医师考试中合格，你就能一生衣食无忧。为了获取

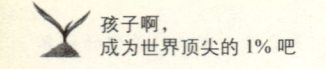

"成功资格证",学生们只好埋头苦读。人们认为文科生的出路就是考法律大学,因此现在很多孩子在上高中时就开始准备司法考试。如果考上医大,未来就有了更多的保障,因此人们喊出了"理科是出路"的口号。

公共教育没有出路,私人教育却在不断膨胀,这已经成了无法回避的社会现实。人们不再为"教师"这个称号感到光荣,而是认为老师也是"月薪族"的一种,这一现实让人心寒。当我看到一些有实力的老师离开学校,转到培训班去时真的很心痛。有思想的老师应该留在讲坛上,履行老师神圣的职责,然而现实却将他们推到培训班去。

不久前,首尔大学的一个研究所以近几十年首尔大学的新生为对象进行了分析,结论是,进入首尔大学的新生,大部分是医师、律师、大企业继承人等社会上等阶层的子女。这个结果当时曾经引起媒体的争相炒作,因为名牌大学的学生也存在"世袭"的嫌疑。

目前,私人教育之风正盛,人们认为花大价钱,请有实力的课外老师辅导,就能在高考中取得优异的成绩。**从教育机会开始就存在着不平等的现象,让我担心这个社会是否真能找到所需的人才。**爸爸和爷爷这辈人,只要努力了就能考上好的大学,然后顺理成章地找到好工作。可在你们这一代是不可能了,一想到这些爸爸的心情就很沉重。

青年失业的问题

你们这一代人的生活更加艰难,其中最现实的问题就是"青年失业"。孩子们从中学开始就陷入考试的泥潭,而且还有很多年轻人即使大学毕业,也找不到工作。

我们可以乐观地认为:因为最近经济状况不好,只要渡过难关就一定能找到工作。但是1998年亚洲金融危机过后,失业问题越来越严重。1998年2月之后,随着经济状况的好转,就业者数量开始呈现不断上升的趋势,但青年阶层的失业率仍处于较高的水平。

我们用数字来说明问题:1998年韩国国民失业率为7.0%,而青年失业率为12.2%;2003年的韩国国民失业率下降到3.5%,而青年失业率仍保持在8.7%的水平。如果不把非正式员工等临时就业人员算在就业队伍之内,每10个青年中就有1个失业。

我们来看一些特殊现象。大学毕业生失业人数在增加。虽然从正规大学毕业的大学生人数在增加,然而社会的工作岗位却在减少。有学者认为,在产业结构向IT业等尖端科技为中心的业种过渡的过程中,这种现象是不可避免的。很多企业宁愿聘用有经验的人,也不愿聘用刚毕业的大学生,这使青年失业问题越来越严重。

韩国劳动市场不灵活,是导致青年失业的主要原因。爸爸认为,工会为保障退休人员的利益采取的一系列措施,是导致年轻人找工作难的重要原因。**青年失业最根本的原因是我们国家已经跨越了经济高增长时代,进入了平稳增长期。**高增长能吸引很多新投资,自然会产生很多就业机会,然而在过去30年的时间里,经济增长到达了极限。而社会仍然为经济高增长准备了无数待业者,但其中有能力的人不多,所以就业的竞争必

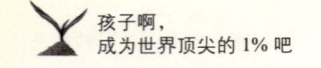

然更激烈。

看看 20 世纪 80 年代的英国，我们就会明白青年失业会给整个社会带来多大的负面影响。20 世纪 80 年代，英国忙于应付通货膨胀的问题，对失业问题束手无策。英国政府曾经自信地认为，等经济恢复景气，失业问题自然就能得到解决。而实际上，之后的英国一直被经济的低增长和失业问题困扰着。

直到 1997 年英国首相布莱尔实施了"新政计划"，制定了新的职业训练和教育纲领，这才给长期失业的青年带来了福音。爱尔兰现在已经成为欧洲最富有的国家之一，然而在 20 世纪 90 年代中期，爱尔兰也深受经济低增长和失业问题的困扰，很多青年都到海外去找工作了。

估计到你长大成人，实现经济独立的时候，青年失业问题依然会存在。

我们的社会正在发生改变

随着经济全球化，世界局势风云变幻，世界不再是美国独树一帜，而是多个大国迅速崛起。我们的国家也面临着众多的威胁，难免让人忧心啊。

出生率下降和经济活动人口减少

最近，人口出生率下降成为社会亟待解决的问题。20 世纪 60 年代，韩国政府开始推行"计划生育"政策。"不分男女，只生两个，把他们好好抚养成人"、"养一个好女儿比养十个儿子好"等都是响应政府"计划生育"政策提出的口号，这一政策主要是为了克服人口高增长带来的一系列社会问题。现在政府的政策却来了个大逆转。过去40年实行的"计划生育"政策现在要转变为"奖励出生"的政策。

随着女性社会活动的增多，女性推迟了结婚年龄，而且很多女性都不愿意生育子女。社会上出现了"丁克族"，他们认为，即使没有孩子也可以生活得很好，两个人赚钱，收入高，又不养孩子，钱就供两个人用，十分宽裕。在20世纪90年代，丁克现象在发达国家已经非常普遍。10年后，丁克现象开始在韩国登陆。虽然不知道政府制定了什么政策防止人口出生率下降，但我认为出生率不会因为政府的奖励政策而提高。因为你们这一代已经养成"以自我为中心"的习惯，你们将个人的社会成就看做是实现人生价值的标准。指责或是追究这种现象是没有意义的。

我们来看一下低出生率所带来的社会问题。**低出生率意味着在未来社会中，经济活动人口的减少。**20世纪80年代后的欧洲陷入了长期的经济停滞状态，这是由多种原因造成的，其中经济活动人口减少是最重要的原因之一。现在韩国的人口结构状况是，20至40岁的人所占比例最多，呈现坛子型结构。而10年以后，将会变为老龄人口比例较高的"倒金字塔"型结构。这就意味着，目前的中年层将进入老年层，社会的非经济活动人口将不断增加。到那时韩国该采取什么措施来应对这种局面呢？当然是提高经济活动人口纳税的比率。不仅要增收个人所得税，还要增加医疗保险等所有社会公共保险项目的费用。

经济活动人口的减少，还会导致经济增长率的降低。如果

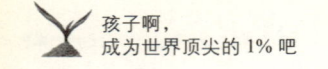

经济发展出现恶性循环现象，将会使你们生活的社会环境比现在更加恶劣。这些就是当你长大成人参与经济活动时可能会出现的各种问题。

这些问题的产生，是由于我们的社会并没有为女性参与经济活动做好充分的准备。最近，双薪夫妇已经越来越多，然而社会却不能为他们提供可以放心托管孩子的配套设施。我想，企业是不会心甘情愿地支付这些配套设施费用的。而一些年轻夫妇甚至干脆不要孩子，或者打算等经济状况好转时再生孩子。

韩国正向20：80的经济结构转变

金融危机爆发后，韩国社会最具代表性的现象就是"中产阶层的没落"。由于失业率不断提高，不动产和股票价格急剧下跌，而国家利率却扶摇直上，剩余资金不足的中产阶层的没落似乎成为理所当然的事情。

韩国房地产市场到目前为止，并没有出现任何中产阶层复苏的征兆。尽管住宅数量在不断增多，然而没有房子住的人还是有很多，这就意味着少数富人占有着大多数的住房。而韩国政府可以提供的租赁住宅也存在严重不足的现象。到2005年为止，房地产价格直线上升，每平方米均价直追纽约市住宅的价格。然而全国经济状况没有特别的好转，只有住宅价格不断上涨。这将导致贫富的差距越来越大。

有一位社会学学者把我们的社会定义为20：80的社会。它是指：占总人口20%的富人拥有全社会80%的财富。富人占据过多的社会财富造成社会发展不平衡的现象。越发达的国家，这种现象越普遍。但是,一个健康的社会,应该将这个问题解决在萌芽阶段。根据 2005 年的统计资料:社会顶层 20% 的富人收入不断增加,而社会最底层 20% 的人收入在减少,贫富差距越来越大。

基尼系数是意大利统计学者基尼创造的一种判断平均分配程度的指标。我们经常用基尼系数比较各国间及国内的贫富差距情况。基尼系数一般用 0 到 1 之间的数表示,数值越大,贫富差距越严重。如果系数超过 0.4,表示贫富差距比较严重。根据这个标准来看看韩国的贫富差距吧。

目前韩国的实际收入分配系数为 0.35,这个数字表示贫富差距状况已经接近危险边缘了。而韩国的实际资产分配系数已经超过 0.55,这意味着韩国贫富差距的现象已经非常严重。有统计资料显示,占人口 5% 的上层人士占有一半以上的国家财富,仅从这一资料就可以了解贫富差距现象有多么严重。

现在无处不在的"信用不良分子"也是一大社会隐患。占总人口 10% 的人欠债不还,他们被冠以"信用不良分子"的称号。这不仅是某个人的问题,也是整个社会体系的问题。如果经济状况持续低迷的话,信用不良分子的队伍将会越来越庞大。

我认为必须从根源上寻找解决贫富差距问题的方法,这是到达未来"理想社会"的首要条件。我真心希望,在你们的时代到来之前,我们能找到这些问题的解决方案。

社会趋向老龄化

你们这一代长大成人后,我们的社会也开始进入"老龄化阶段"。一般来说，如果超过65岁的人口数量在全体人口中的比例超过14%，这个社会就称为"老龄社会"。按照现在的发展趋势，韩国将在2019年进入"老龄社会"。实际上韩国在很久以前，就已经进入了准老龄化时代。

随着社会医疗技术的发展，人类的寿命将得到延长；而出生率的低下，必然会造成老龄人口比例增大。这种变化在全世界的发达国家中是比较普遍的。

社会老龄化将导致整个社会用于抚养老人的费用增加，社会为老人的疗养投入巨额资金，导致国家经济增长钝化。以发达国家的标准，如果要修建长期疗养设施，每年必须投入15兆韩元（约为人民币750亿元。——译者注）以上的资金，这是一项庞大的工程。

但是如果将"老龄社会"看做一种产业现象的话，反而能为社会发展创造新的契机。"老龄产业"可以被定位为一项正大光明的产业。根据一家研究机构的分析结果，2010年，"老龄产业"可以形成41兆韩元（约为人民币2 050亿元。——译者注）资产的规模。"老龄产业"本身就是可以带动经济增长的产业，从长期疗养设施到老人健康、旅游、保险、财产利用等多个方面都可以发展成新产业。

老龄化是不可避免的历史潮流，将老龄化带来的弊病控制在最小范围内，让社会就老龄问题达成共识是很有必要的。这也需要具备专业知识的人才，如果有谁能将"老龄产业"当做自己未来的事业的话，那么，他不仅找到了通往成功的阶梯，还能在服务社会的过程中获得满足感。

女性的全盛时代

在社会结构发生改变的过程中,最为引人注目的现象就是"女权运动"的兴起。女性正逐步登上社会活动的舞台。女国会议员的数量在不断增加,主妇团体在网络上十分活跃,女性就业者增多,女性团体登场,女性领导者数量增多等现象都是最近女性社会活动不断增加的表现。

女性影响力的扩大与"女性社会活动的增加"是有着密切联系的。伴随着女性收入的增加,女性的消费水平也在提高,这加速了女性经济独立的进程,也意味着女性影响力在扩大。

这种现象也象征着男性优越时代的结束。我想,女性的发展趋势可能在今后会更加强劲。据说最近韩国政府正在积极制定方案,以增加女国会议员的比例。在韩国,女性人口超过总人口数量的一半,而且,要求保护女性利益的社会氛围已经越来越浓厚了。有的女性以第一名的成绩考入空军士官学校、海军士官学校,并以优异的成绩从学校毕业。仅从这些事例我们就可以看出,女性拥有在社会上活动的能力。

我个人认为,对于进入经济停滞期的韩国社会来说,女性就业者成为提升社会经济增长潜力的一股重要力量。让那些受过高等教育的女性只从事家务劳动是对社会资源的一种浪费。女性就业人数的增加和经济活动人口的增加是成正比的,因此必然可以为经济增长带来巨大动力。与此同时,随着女性社会活动的增加,伴随产生的一些问题在现实中应该予以解决。之前我们提到的人口出生率降低的问题,育儿设施严重不足的问

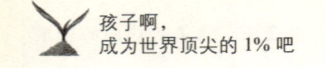

题,还有我们对下一代缺乏教育的问题等,如果这些问题得不到及时解决,必将为今后社会的发展带来不良影响。

只要整个社会认识到这些问题,并且全民一起努力去解决问题,我想未来还是很有希望的。女性的全盛时代已经到来了。有人预测今后10年中,美国可能会出现一位女性总统。

我们应该勇于承认女性拥有卓越的能力,在她们积累了很多的社会经验后,能推动整个社会的发展。只要我们对新的男女关系进行重新定位,我们一定会拥有成功的人生。

对男女关系重新定位,不是单纯的怎样分担家务劳动,谁来负责家庭的经济来源问题,新的男女关系要求男女平等,共同承担社会和家庭的责任。在职场中这种现象更为普遍。我们要把女性看做是对等的竞争者,学会和她们展开公平竞争。

社会矛盾

下面我要讲的问题可能和主题联系不大。但为了要将未来的社会塑造成一个健全、合理的社会,找到"社会矛盾"的解决办法是我们必须要考虑的问题之一。社会矛盾不仅会吞噬未来经济增长的潜力,对社会融合构成阻碍,还会助长共同体成员之间的不信任,因此我们必须将这些问题解决好。

实际上,韩国社会的矛盾是多种多样的:有医药品分工之间的矛盾,FTA(自由贸易协定)造成的城市和农村之间的矛盾,因为建设危险的核废弃物处理场而产生的军民和政府之间的矛盾,因重金围湖造田引起的政府和环保团体之间的矛盾,岭南、湖南地区开始的在产业化进程中产生的各种矛盾……目前这些问题还没有浮出水面,但像这些对社会大融合构成阻碍的潜在危险因素还有很多。

社会学者说:在过去的独裁主义向民主化过渡的进程中,各种利益集团的利害关系发生了很大的变动,必然会引发各种矛盾。也就是说,一些新的社会矛盾因素还会不断出现,而且这些矛盾会越来越激烈。

爸爸讲到矛盾这个话题,并不是想向你一一列举问题。我想告诉你的是:当政府和国民处于对峙状态,社会就会遭受莫大的损失。目前还没有一个社会体系可以解决这些矛盾。

矛盾爆发时,如果我们还没有合理的解决方案,就只能采取权宜之策。表面上矛盾已经解决了,但实际上还存在不少的隐患。政府没有采取有效的对策来缓和这些矛盾,而是对这些和自己切身利益关系不大的市民采取置之不理的态度。

我们来看看从韩国和智利签订《自由贸易协定》时就产生的农民团体和企业之间的矛盾吧。签署《自由贸易协定》对像我们这样的出口型国家来说是非常必要的,只有这样我们才不会在国际社会的竞争中落后。但在签署《自由贸易协定》后,在一些大企业获得利润的同时,农业基础却受到了削弱,国内农产品在市场上失去了竞争力。农民举行了大规模示威游行,甚至一些出身农民、渔民的国会议员也站在农民这边。看到这一情景,我们知道要解决这一问题并不容易。这个问题只能说是执行了数年的农业政策失败所导致的结果。自《乌拉圭回合谈判》后,韩国开放农业市场,政府也为农村提供了50兆韩元(约为人民币2 500亿元。——译者注)的援助资金,然而农民却抱

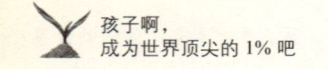

怨他们的生活并没有得到多大的改善。

问题是韩国政府并没有从保护农民生存权的立场出发，制定出合理的方案，只是简单地进行了资金支援，而这些资金并没有被有效应用于生产领域。大企业也应该寻找和农民分享所获利润的方法，然而到最后，大企业也没有做出相应的努力。

今后韩国政府还会为农村提供很多的政策援助资金，但我认为如果没有为打牢农村经济自立的基础而制定出根本性方案的话，今后每当政府和别的国家签署新的自由贸易协定时，农民和大企业、政府之间的矛盾就会一直持续下去。

你们应时常将自己想象成一个矛盾调解者。不仅仅是在社会这个大领域中，即使在一个小的集团中，也要思考如何解决矛盾，如何发挥这个集团的潜力等问题。当产生类似矛盾时，你能够进行合理调整，努力使社会和集团利益达成一致。如果找不到这些矛盾的解决办法，社会矛盾会越来越大。你应该经常思考怎样解决矛盾，通过对话和协商，努力找到解决问题的方法。这是我们社会的市民整体意识走向成熟的契机。

加入"世界人"的队伍当中

我是不是讲得过分悲观了？我只是列举我们社会存在的问题和一些社会现实。但我们没有必要悲观。如果我们能够找到这些问题的解决办法，我们的人生就会十分洒脱，也会非常有意义。不是只有你面对这些问题，包括爸爸和你的朋友，生活在这个时代的所有人都会和你一起努力寻找问题的解决方案。

任何事情都有两面性，有时危机也可能会转变成机会。当一个社会出现问题时，人们只有集中力量，努力解决这些问题，社会才会进入一个更成熟的阶段，而且社会成员的素质也会同步提高。爸爸希望你能够从"全球标准"中找到解决方案。在过去的半个世纪，韩国社会经历了西欧化、产业化、资本主义化等多种变革，从表面上看，韩国似乎已经跨入了发达国家的行列，然而对照西欧发达国家几十年的发展成果，我们的发展还很落后。因此，你们应该对照"全球标准"寻找解决方案。韩国社会正在经历的社会问题，是国外投入了大量的人力、财力后才得到解决的问题，所以我们应该参考各国的发展经验。

例如，当我们的经济陷入困境和长期停滞的状况时，我们应该参考20世纪90年代日本经历的"逝去的10年"以及20世纪80年代英国的经验，这些经验对我们会大有帮助。墨西哥花了30年才脱离发展中国家的行列，他们处理危机的方法对我们来说是一种宝贵的财富。还有，爱尔兰花了10年的时间，从欧洲最落后的国家一跃成为欧洲最富有的国家，他的发展经验也会给我们带来很大的启示。

世界正以惊人的速度走向全球一体化的道路。从表面上看，似乎美国这个超级大国仍是世界的中心，实际上世界上还有一体化的欧盟、复活的亚洲、东山再起的俄罗斯等多极并存，这些力量正在努力寻求一种力量的平衡。

韩国的经济也已经摆脱了单纯依靠美国的发展模式，韩国正努力开展和多个国家的贸易交流。在过去50年间，美国一直是韩国的第一大贸易对象国，而现在中国已经开始取代美国的地位。为了在韩国国内外复杂多变的环境中生存下去，只停

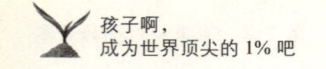

留在"韩国人"的阶段是不行的，我们应该努力使自己成为一个"世界人"。你的工作场所也不必要固定在国内，只在国内学习和深造是不够的。要想扩大竞争范围，就必须拥有更强的实力，这就是能带动我们未来社会发展的动力。

据说在1990年，很多爱尔兰青年大学毕业后找不到工作，于是纷纷到国外就业。爱尔兰是一个传统的农业大国，摆脱了英国殖民地统治而独立后，社会出现了各种矛盾，可以说变成了"陷入暗淡现实的爱尔兰"。然而爱尔兰全体国民共同致力于国家发展，创造了"外国企业天堂"的构想，并获得了成功。

在这一过程中，遍布世界各国的爱尔兰青年已经长大成人，他们回国后成为了建设发达工业国家的重要人才。现在，爱尔兰人的收入比英国人还高，爱尔兰成了欧洲最富有的国家之一。

韩国是否能超越日本，成为亚洲最富有的国家，这完全掌握在你们这一代人的手中。你和你的子孙后代可以享受你们创造的财富。为了实现梦想，你需要对未来做好准备。

可能之前对你们讲社会阴暗面太多，但这不是坏事。因为只有先了解矛盾才能解决矛盾，并为实现更美好的未来做好充分准备。从这个意义上来说，你们这一代和爸爸这一代是很好的"合作伙伴"，我们集中力量便可以创造出更多的可能。

首先要解决的就是教育问题。韩国是全世界唯一的私立教育支配公立教育的国家，还是世界上最重视英语学习的国家之一。然而国民英语口语能力却很差。韩国什么时候才能摆脱这样糟糕的状况呢！

国民收入"两万美元时代"即将到来是当今社会最热门的

话题。在发达国家，国民收入超过两万美元是很容易的。照我们现在的经济发展趋势，韩国的国民收入达到两万美元的梦想即将实现。爸爸这一代的大部分家长的大部分收入都用在对你们的教育投资上。某经济研究所 1997 年预测全国子女教育费用超过 9 兆韩元（约为人民币 450 亿元。——译者注），而最近的统计数据显示已经达到了 14 兆韩元（约为人民币 700 亿元。——译者注），这已经占整个国家教育预算的一半以上。各个家庭用于孩子课外辅导的费用占到了整个家庭收入的 20% 至 30%，有的甚至超过一半。这就是说，如果我们的公共教育得到改革，私人教育费用就能够减少，我们国民的人均可自由支配收入（除纳税之外可用于消费的收入）就会增加。给你们举这个例子，就是要你们了解教育改革的必要性。但进行教育改革不仅仅是出于经济方面的原因。

我认为，**你们应该用来设计人生并对人生进行反思的时间，却在背诵英语单词和数学公式**。我们没有时间对历史进行深刻的思考，没有时间去讨论人为什么存在的问题，这无异于剥夺了人类自我成长的机会，甚至还剥夺了你们在运动场上尽情奔跑玩乐的时间。解决"考试泥潭"问题无疑是创造健全社会的必然课题。即使我们花几年、几十年的时间也一定要解决教育问题。

政治改革也是一个重要课题。国会本应该是为了整个社会的共同利益进行斗争的政治舞台，现在却堕落成统治阶级满足个人私利的腐败集团。爸爸真心希望你们这一代能够拥有正确的政治意识，因为社会上一切合理的制度都只能在政治领域制定出来。最近刮起的"政权交替"之风，从某种意义上说是具有进步意义的。那些无视法律规定，收取政治贿赂的政治家相继被关进监狱。这是一种具有进步意义的现象，现在只不过是开始。为了选出一位正直、真正为国家和人民谋利益的政治领导人，我们必须经历一些痛苦和等待。当然，在政治改革的过程中一定会遇到很多阻力。目前很多国民对政治极度反感，但我相信这段痛苦的经历必将成为国家政治进步的催化剂，而这也绝不能成为你们不关心政治的理由。

创造"有竞争力的公务员社会"是创造有竞争力社会体系的首要条件。目前，我们的社会崇尚权位主义（一种崇尚权力和地位的思想。——译者注）的现象非常严重。在韩国，公务员不是人民的服务者，而是骑在人民头上作威作福的指挥官。尽管目前国家已经着手改革公务员制度，采用开放型聘用制度，但是这一制度还没能发挥充分的效能。

这种制度主要是为了将社会中有能力的人才选拔出来，为国家贡献最大能量。爸爸认识一个报社的记者，他在国外获得博士学位后，被政府部门聘用为特别公务员，但他坚持不到6个月就辞职了。那位朋友说："工作上受到排挤，我感到很孤独，这种情况下怎么去发挥自己的才干呢？"**公务员必须是清廉和有能力的，因为他们做出的每个细小决定都影响到人民和国家的未来。**金融危机爆发后曾出现过"公务员自省论"，然而引发金融危机的高层政府官员却都占据了政府要职。

几年前，新闻频频报道"信用卡危机事件"和信用不良问题。为了鼓励消费，政府和公务员鼓励人们申办信用卡，如果他们提前将使用信用卡的利弊告诉国民,并采取相应的预防措施,我想危机也不至于发展到那么大。"信用卡危机"导致韩国被冠以世界"腐败大国"的恶名。根据国际透明机构最近公布的一份资料,韩国的国家清廉度在全世界排名第40位,但在发达国家组织OECD(经济合作开发组织)中是最后一名。

那么全世界哪个国家最清廉呢?是芬兰。芬兰将反腐工作作为最高的政治目标,最终跨入了发达国家的行列。在亚洲,最清廉的国家是新加坡。新加坡是最具代表性的发达国家。新加坡总理李光耀是位杰出的政治家,他是将新加坡建设为清廉国家的功臣,他作为清廉政治家的代表得到了全世界的尊敬和认可。

现在你明白为什么公务员制度需要改革,只有拥有正确意识的人才能成为公务员的原因了吧?

发达金融时代的到来

今后的世界需要的是竞争力。在你们这一代,"金融"必然会突显它的重要性。在资本主义社会,资本和投资是创造新财富的动力。**"发达金融时代"将成为今后社会最突出的特征之一**。我们经历的亚洲金融危机是最能体现"金融"重要性的典型事例。美国资本家攻击东南亚处于弱势的货币,赚取巨大差额利润,在这一过程中出现了很多先进的金融计算方法。我们必须考虑到,除了极少数国家之外,全世界大多数国家都是资本主义国家的现实。掌握与时代相适应的先进金融知识,绝不仅仅是银行职员、证券公司、金融机构业者的任务。

最近，出现了 CFO（首席财务官）这个新兴职业。如果说在过去，能够为企业带来利润是财务工作者的最高美德的话，那么现在，怎样减少风险、安全获取收益才是他们最重要的工作。韩国的三星电子、现代汽车等企业都已经成为世界级企业，这些企业的销售额甚至和韩国整个的国家预算相差无几。简单地说，在商品卖出后，怎样管理利润款项是一个非常重要的问题。在汇率达到什么数值时，我们可以将本国货币和其他国家的货币进行兑换，怎样管理剩余资金，怎样对剩余资金进行投资等，这些问题的决策是非常重要的。同样，正确预测汇率走向、利率变化等经济趋势是涉及企业生存的重要问题。这就是金融界人士影响力不断扩大的原因。

> 是否拥有用先进金融知识武装的首脑集团，是衡量一个国家是否具有竞争力的重要尺度。

因此，爸爸劝你无论在什么领域，从事什么样的工作，都应该学习一些基础的金融知识。

> 爸爸的建议

你们这代人的世界

1. 韩国社会的变化

　　大部分人已经开始追求高质量生活带来的满足感，人们在经济上富足稳定，在政治上追求更先进的民主主义。

2. 亚洲时代已经到来

　　中国和印度实现了经济的快速增长，日本经济也正在复苏，这是亚洲即将成为世界中心的信号。

3. 技术和知识的重要性

　　在"发达技术"和卓越"智慧"的基础上，"附加价值"的概念被"新价值"的概念所代替，并改变着整个社会。

4. 个人商品化时代

　　在飞速发展的现代社会，拥有杰出能力和优秀创意的人本身就是一种财富，今后社会将根据个人能力决定其价值大小，企业将采用年薪制。所以你们要坚信"自己"就是财富，不断挖掘自我潜力。

5. 未来韩国社会存在的问题

　　国际竞争力低下、落后的政治体系、物质万能主义、糟糕的教育和考试制度，还有青年失业问题，这些都是需要在未来社会中解决的问题，对这些问题我们不能置之不理。

> 在生活中你们应该具备的能力……

第 **3** 章

计划：成为符合全球标准的人才

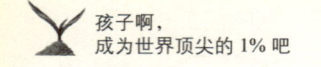

知识的重要性

好了,从现在开始让我们来看看你生活的世界。如果你想成为这个社会上具有竞争力的人,成为能够为社会做贡献的成功人士,那你应该考虑一下你需要具备什么样的能力。让爸爸和你一起制订一个人生计划吧。

首先,你的目标应该是成为符合全球标准的人才。为什么这么说呢?之前我们提到过,今后你们这代人不仅要在国内,还要在全球范围内展开激烈竞争。当今的社会是个知识化、信息化的社会,为了在这种环境中生存下去,你就必须成为符合全球标准的人才。在过去,一提到知识分子,我们就认为这是指社会精英,我们只能联想到舆论领袖"Opinion Leader"(舆论领袖是人群中首先或较多接触大众传媒信息的人,他们在社交场合较为活跃,通晓特定问题并乐于接受和传播这方面的信息。舆论领袖往往是社会中有影响的人士,代表着群体价值观念。——译者注),但现在却不是这样。劳动阶级现在也已经发展成为"知识性工人"。

当今社会，即使你没上过大学，也可以成为某个领域的专家；即使没有学位，也可以在大学教书。**人们的学位和他的社会地位无关，对于拥有丰富经验或专业技能的人才，社会会给予充分肯定。**

在过去，只有通过学校教育获得文凭的人才会得到社会的认可，而现在的社会更需要经验和能力。这也就意味着我们的社会正由"文凭社会"向"能力社会"过渡。

说得简单一些。职业棒球选手只要打好棒球就可以了；作曲家也没有必要获得博士学位，只要拥有创作听众喜欢的音乐的能力就可以了；电影导演只要能拍出好看的电影就可以了……所以爸爸强调知识和能力的重要性。

常识的力量

那么应该拥有什么样的知识呢？你们为了考大学而参加的能力测试，为了参加个别科目的考试而学习的课程并不是知识，只能叫技术。这和在铸造厂里用模子做产品没什么两样。

我认为在这种教育体系下获得的"知识"，对于应对和解决以后人生旅途中所面临的种种难题，所提供的帮助是十分有限的，因此我十分担心。

爸爸想要强调的是"常识"。"常识"不是指专业知识，而是指正常情况下普通人都拥有，或者说应该拥有的理解能力、判断能力和分辨是非的能力。

我们经常使用一个词——"常识社会"，这是指大多数社会成员都能理解，并对此达成共识的规则。例如：我们都知道要

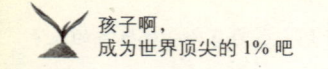

遵守交通法规，或者我们都应该保护自然和生态环境，这些就是"常识"。现代社会给那些不努力的人扣上"无知"的帽子。当今社会比以前的情况更复杂，产生了一些新的行业和新的社会现象，社会在快速发展，而我们忙得连整理"常识"的时间都没有。在这样的世界中要想成为有"常识"的人，应该从本质上加深对我们这个社会的理解和关心。

还记得市民举行过反对弹劾卢武铉总统的蜡烛示威吧，还有以前的和平文化集会，我们都可以把这些现象看做是由政治因素自然形成的。

这种行动可以解释为，我们的市民还有全体国民已经在要求"民主化"的问题上达成了共识，而且这种共识作为一种"常识"被传播开来。

过去，腐败和贪污现象泛滥，一些企业为了获得公共工程的建设权，采用送礼或拿回扣的手段。而在透明度变高的现代社会，企业会利用自身价格和技术方面的优势提高竞争力，他们知道怎样去做才能获得工程的承包权。爸爸认为，随着社会的不断发展，应该具备和这个社会相适应的"常识"。单纯为了应付考试而埋头于韩语、英语、数学的教育并不是人们所期望的。爸爸平时之所以不厌其烦地说"每天要看报纸"、"去找点新书来看"正是出于这个原因。

> 学习时不要只重视书本里的死知识，更要掌握那些生存中需要的常识。

从我们的语言开始，到我们生活的这个世界，还有我们国家的历史、政治以及文化现象等,我们都要对它们怀有广泛的兴趣,并为提高自己的理解能力而不断努力,这对生活在现代社会中的你们来说,是必须要做到的。

你们这一代对音乐的关心比较多,从宝儿开始,到张莎拉(韩国的天才小提琴家。——译者注),再到歌剧出身后来又离开歌坛的帕瓦罗蒂,他们的消息你们都应该非常关注。

拥有"常识"不仅可以帮助你们成为一个高素质的人、一个全面发展的人,还会让你成为一个有责任感的人。

培养好奇心

对各个领域具有好奇心是非常重要的。出生于全州的伽倻琴演奏家黄炳基因为出生在艺术之乡,据说他上高中时,经常在上学和放学的路上看到一些优秀的伽倻琴演奏家在弹奏,这引起了他的好奇心。从那以后,他便开始对伽倻琴有了浓厚的兴趣。然而他在大学时专修法学,日后很有可能成为法官。但他自己觉得最感兴趣和最喜欢的仍然是伽倻琴,于是就朝着音乐的方向努力。现在他已成为首尔大学的一名音乐教授,而且用伽倻琴编曲,成了世界闻名的音乐家。如果黄炳基在上高中的时候没有遇到那些伽倻琴师,那么现在的他又会是什么样子呢?正是因为他身上具备那种好奇心,才有今天将韩国音乐推广到全世界的机会。

对各个领域具有好奇心,并进行挑战是非常重要的。我喜欢什么?在我的人生中最重要的是什么?如果你对这些问题进行思考的话,设计自己的人生不就变得更加容易了吗?你小

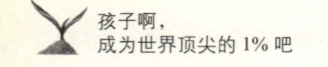

时候喜欢网球，后来又喜欢保龄球、直排滚轮、滑雪等几乎所有的运动，但到了你上小学六年级时，你又想当一名高尔夫球运动员，你说只有高尔夫球才有意思。你开玩笑说你梦到了泰格·伍兹，因此自己也要当一名高尔夫球运动员。上完中学，你的梦想又变成了做一名 CEO。认真想想吧，你的企业家梦想是什么样的，你有没有机会成为一名企业家。如果你今后真的拥有了那样一份职业，你自己还会继续设立"新的目标"，不是吗？

我不知道你现在有没有找到适合自己又非常喜欢的职业，或者是人生的目标。我的建议是：你应该关注新的知识和一些未知的领域，这对你的人生规划会有所帮助。

外语很重要

为了实现你的人生目标，你应该具有什么样的知识呢？爸爸认为首选就是外语。现在我们的社会都需要与国际社会接轨。韩国的经济属于赚取外汇的出口型经济，我们国家经济收入的一半都是依靠向海外销售韩国的商品，很多的外国人看到韩国的发展趋势，也纷纷到韩国来谋求发展。而且我们国家在海外活动的人数也在大幅增加。随着我们竞争力的加强，国家的发展壮大，在海外活动的人数自然就会增加。

爸爸也多次后悔没有好好学习外语。一开始我在证券公司工作了五六年，总是被动地工作。韩国允许外国人在我们的股票市场投资后，外国证券公司就像潮水一般涌入，因此我也有很多去外国证券公司工作的机会。但因为我从大学毕业后就没有好好学习过英语，当机会来临时，就没能把握住。

还有一次，爸爸所在的新闻社要挑选一个可以在纽约工作的特派员，条件是英语水平必须要好，但由于我的英语水平有限，所以只好打消了争取这个机会的念头。当时，外国的证券公司与国内的证券公司相比，使用了更先进的计算方法并灵活运用多种经营方法。如果在外企工作，爸爸会拥有比现在更加出色的能力。而在记者生涯中，被选为特派员出国工作无疑也是一次锻炼的机会，能获得宝贵的经验，具有特殊的意义。但是这些好机会都被爸爸错过了。这都怪爸爸自己没有好好学习英语。

> 兴趣是最好的老师。
> 兴趣＋坚持＝成功。

当你们从事经济活动时，外语能力是非常重要的。国内企业进军海外的速度会不断加快，进入国内市场的外国人也会越来越多。FTA（自由贸易协定）意味着交易方式的全球化，所以全球化竞争是不可避免的，而且这种竞争会越来越激烈。有很多人都希望去外企工作，因为外企的薪水更高，工作更自由，个人能力也能得到充分的展示。

实际上，那些在外企工作的人，能力方面并不一定比在本国企业中工作的人更出色，但是，英语能力往往是外企选拔人才的首要标准。如果一个人拥有出色的能力，同时他还具备出色的英语能力，那么他的能力在外企将会得到更好的发挥，并更容易得到肯定，也会更容易获得成功，不是吗？我想再三强调的是，如果你要参与国际竞争，英语学习是很重要的。

对于学习外语，我希望你最好学习两种以上的外语。因为

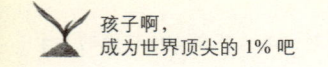

英语已经作为国际通用语言站稳了脚跟,所以学习英语是必须的。另外,你最好再学习一门外语,达到能够与更多的人自由沟通的程度。

如果你希望成为一个"世界级的企业家",爸爸劝你除了学习英语以外,还应该从汉语、印度语、葡萄牙语、俄语中选择一门语言进行系统的学习。中国现在已经发展为与韩国进行商品交易规模最大的国家。因此,做和中国有关的事业,或者在中国的企业找工作的话,汉语必须要很好。俄语好像也不错。全世界已经正式进入石油能源枯竭和高油价时代。你知道伊拉克战争为什么被称为"能源战争"吗?世界第一大能源消费国是美国,美国为了确保能源的供应,断然发动了伊拉克战争。萨达姆政权倒台后,伊拉克建立了亲美政权,尽管并不是所有的伊拉克人都亲美,但至少有一部分是这样的。而伊拉克的邻国沙特阿拉伯最终也成了美国稳定的"输油管道"。从这一方面来考虑,爸爸认为学习俄语也是必要的。俄罗斯是除了OPEC(石油输出国组织)之外的国家中,产油量最大的国家。苏联共产主义政权瓦解后,经过十几年的经济负增长和高物价,最近,俄罗斯终于实现了超过6%的高经济增长率,这也是国际油价达到几十年来最高值所带来的好处。因为俄罗斯已经是稳定的能源出口国,石油出口价格的上升成为了挽救国家经济的重要因素。据石油学者预测,在今后几十年新的替代能源出现之前,石油将成为综合国力的代表。如果是对数学感兴趣,学习印度语也是不错的,因为印度是擅长理工科的国家。我们之前提到过,在IT领域,印度是仅次于美国的重要国家。同时,印度在医药领域也具有很强的竞争力。不久前有消息说,为癌症患者提供医药品的美国公司要价太高,韩国国内的癌症患者准备今后使用印度制造的医药品。印度在医药领域的发展速度是相当惊人的,因此对于喜欢理工科并准备从事相关职业的人来说,学习印度语也不失为一种好的选择。

前面爸爸提到的国家都是全世界人口最多的国家,并且依据最近的经济发展态势来看,它们都是已经或者即将迎来高速发展的国家。**你最近也常常听到过"金砖四国"(BRICs)这个新词在新闻中出现。BRICs是指成为带动世界经济增长新动力的巴西、俄罗斯、印度和中国这四个国家。**所以选择这四个国家之一的语言来学习,也是非常明智的。

我为你所上的学校没有为你充分提供这样的机会而感到担忧。尽管现在有很多学生没有老师的授课也愿意自学汉语,但很多学生却觉得应该学习法语和德语,这种现状也让我深感忧虑。如果你们从现在开始,在学习英语的同时就开始准备好选择第二外语,那么我想,机会还是有的。

做个有修养的人

外语是成功的必要条件,但仅靠外语是不够的。只靠外语就能成功的时代已经一去不复返了。同时兼具与你的外语相对应的多种知识,成为有能力的专家是很重要的。但爸爸想强调的是,你首先要成为一个"有修养的人"。人必须适应自己所在的时代的文化、政治、社会现象,才能很好地生活下去。要想成为一个有修养的人,首先必须成为对这个社会有价值的人。

我们从社会学理论的划分方法来看，西欧或者美国都以希腊文明为基础，十分重视基督教的思考方式（唯一的神权主义）和文艺复兴时期形成的尊重人类个体的思想。为了更好地理解和认识这个世界，我们必须充分地理解罗马时代以后的历史、美术、音乐、政治制度和哲学的发展过程。不理解"法国大革命"，怎么能理解法国人的自由思想？同样，不理解基督教产生的根源，就不能理解西方文化。最近，历史学者喜欢用"文明冲突"来解释西欧和中东地区的差别，实际上，基督教文明和伊斯兰文明的对立早就经历了近千年的历史。

同样，东方社会有着和西方社会完全不同的价值观和文化体系。如果不理解道家的思想，以及后来的自然主义和人本主义的思想，也就不能正确理解亚洲的文化。我们来看看中国，由众多民族组成的中国，现在已经发展为拥有 13 亿人口的泱泱大国。想要了解中国人，首先要了解他们多民族的历史以及东方哲学。实际上，在现实世界中，无论你们在做什么事，这种修养都是决定你们该怎样判断，以及怎样行动的重要尺度。因此，充分了解东西方文化的差异，彼此尊重，是作为一个有修养的人应该具备的姿态。

为了成为一个有修养的人，首先我们要对自己充分了解，并且具有强烈的自豪感。对我们的国际友人，也就是外国人，我们要正确地宣传和介绍我们的国家，向他们表达我们对自己

> 要想成为一个有修养的人，首先必须成为对这个社会有价值的人。

第3章 计划：成为符合全球标准的人才

所拥有的文化是多么的自豪，并向他们介绍我们引以为荣的东西。因此，如果说外语是同外国人进行商务往来的硬件的话，那么修养就应该是软件。

但是看看你们，我总觉得你们具备的知识残缺不全。你们总是以考试为中心，对"壬辰倭乱"（1592年4月14日，日本为了吞并朝鲜，发动了震惊世界的"壬辰倭乱"。在朝鲜国王的请求下，明朝出兵援朝，开始了长达7年的援朝抗日战争，最终以中朝的胜利、日本的失败而告终。——译者注）发生在哪年哪月哪日以及带来的影响都非常清楚，但实际上你们对为什么会爆发这场战争并不理解，这真是让人寒心啊！实际上，比起一个事件的名称，了解这个事件发生的背景以及意义才是更重要的。无论如何，我相信，提高自身的修养，扩展自己的知识面能够为你与国际友人交谈时提供丰富的素材，这让你更容易成功。

我去意大利的时候，看到一群到庞贝古城修学旅行的德国学生。他们让我十分羡慕，因为他们可以在几千年前的历史文明中体会该地的文化精髓。但是你们在学习世界史的时候，只记得罗马共和政体是从哪年开始的，什么时候发生了什么战争，这真让人感到遗憾！

有些东西在课堂里是学不到的，只有多阅读课外书才能积累到更多的间接经验。爸爸认为你应该依据世界史的时间顺序学习罗马历史，有时间的话可以读一下盐野七生（日本女作家。——译者注）的《罗马人的故事》，从中可以更容易地了解那段活灵活现的罗马帝国史。

爸爸希望当你遇到法国人时，不仅能够谈论香榭丽舍大街，

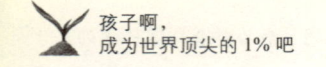

还会就马奈、莫奈等画家，还有罗丹美术馆等交流意见；遇到美国人时，可以谈论史密森尼博物院（Smithsonian Institution，是世界最大的博物馆体系，它下属的16所博物馆中保管着1亿4千多万件艺术珍品和珍贵的标本。——译者注），还可以就马丁·路德·金为什么是个伟大的人交流意见。

如果不努力成为一个有修养的人，就不可能注重知识和经验的积累。无论如何，爸爸认为要想取得长远的成功，积累目前所需要的知识和业务经验固然很重要，但摄取广泛的知识以及拥有优秀的人格也是必不可少的。最后，你交往过的人将会成为你前进道路上的伙伴，无论这些人是本国人还是外国人都没有关系。

要有历史忧患意识

我们强调修养，强调全球标准，乍一看好像有点轻视我们自己，但实际上这正是我们应该警惕的。爸爸认为你们应该拥有正确的"历史意识"。因为没有历史意识的人，即使在社会上成功了，他给我们国家乃至整个人类，都有可能带来损害。

历史学家认为：人类的历史在不断进步和向前发展，并逐渐产生了更好的发展模式。英国著名的历史学者卡尔（E.H.Carr）在《历史是什么》这本书中给历史下的定义是：历史是过去和现在不间断的对话。

要了解现在的你，就必须对你的过去、现在和将来进行透彻的了解和分析。如果不仔细思考，当你在人生旅途上经历了多种意外的事件后，很有可能会走上一条与自己的意志完全相反的路。如果你想随遇而安，那我也无话可说，但那样太不负责任了。你的人生应该由你自己作主，因此为了能过上自己想要的生活，为了与你生活在同一时代的朋友和邻居能一起幸福地生活下去，"历史意识"是必需的。

看看韩国社会中现存的问题。弹劾总统事件（2004年3月12日，韩国国会表决通过卢武铉总统弹劾动议案，卢武铉停止行使总统职务，韩国宪法法院5月14日通过宣判驳回了弹劾卢武铉总统案。——译者注）就是朴正熙政权结束之后遗留下来的保守主义和进步势力之间的尖锐对立的结果。

独岛问题又是怎么回事？日本在现代化的进程当中，在天皇政体和帝国主义理念的基础上，想在亚洲行使霸权主义，实现韩日合并，挑起了大东亚战争。独岛问题，就是日本想要通过占领独岛实现领海扩张，把独岛变为日本的领土。这足以看出日本的扩张野心。为什么我们国家的报纸对日本的和平宪法、日本向伊拉克派遣战斗部队的事情反应如此强烈？这是因为日本的军国主义势力正在复活。

> 要了解现在的你，就必须对你的过去、现在和将来进行透彻的了解和分析。

日本首相不顾韩国和中国的反对，强行参拜所谓"民族信仰"的靖国神社，成为推动韩日、中日外交进程的重大障碍，这也是日本军国主义复活的一种体现。

为什么以色列和巴勒斯坦围绕耶路撒冷的问题展开了激烈的斗争，使那里变成中东的火药库呢？因为这里不仅是基督教

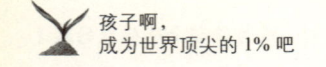

和犹太人（以色列）的圣地，也是伊斯兰人的圣地。伊斯兰教的圣殿和耶稣诞生地同在一处，使耶路撒冷具有特殊的宗教意义。在这一地区，伊斯兰教和基督教为了争夺支配权展开了殊死搏斗，教科书中"十字军战争"就是讲述他们纷争的历史。

韩国的经济制度是资本主义，政治制度是民主主义。韩国摆脱了日本的殖民统治，它争取解放的过程，和现在美国在伊拉克建立军事政权，而伊拉克却努力建立民间政府的情形一样。朝鲜在斯大林、列宁的影响下，也建立了共产主义政权。

站在美苏冷战最前沿的韩国只能接受资本主义和民主主义。那么外部强加给我们的，我们就应该接受吗？当然不是。建立以造福人类为目的、人本主义思想为中心的韩国社会制度是很必要的，现在我们已经有充足的经济能力和国家实力去做到这一点。

现在我们的梦想是，创造一个让所有人生活幸福的优质社会，创建一套完善的社会制度。为了实现这个梦想，拥有正确的历史意识是非常重要的，因为人类历史是不断向前发展的。

在充分认识自己国家历史的同时，尊重其他国家的历史也很重要。 听说我们国家的人曾对经济落后的东南亚国家的人实施暴行，我十分生气。在伊拉克战争期间，我从伊拉克使馆的一位官员那里听到这样的话："在我们的祖先创造法典，实行法治主义的时候，布什的祖先却在洞穴里过着野蛮的生活。"伊拉克早在耶稣诞生的几千年前就创造了汉谟拉比法典，是波斯文明的发源地。尽管现在伊拉克人总体受教育的程度不高，但他们对祖先的历史是非常自豪的，就像法国人对文艺复兴的历史引以为荣一样。

在悠久的历史长河中，人类有着各自的优秀历史文明，也经历了无数次文明的衰退和繁荣。任何人都具有非凡的潜力。只有承认别人，才能得到别人的承认。从文明史的角度来说，正确的历史意识应该是从承认和尊重其他民族开始的。目前，美国支配着全世界，他们依靠国家实力追求实际利益，但事实上美国只有200年的历史。罗马帝国建立以前，美国也只停留在北欧帝国原始部族社会的状态。

每个人都要有历史责任感和爱国主义精神，**只有认清了自己并肯定别人，人类才能朝着共同的目标不断迈进**。这就是我们要对世界史、韩国史以及整个东方史怀有自豪感，并不断正确地了解世界历史的原因。人类历史不断向前发展，能成为一个为人类历史作出贡献的人，真的是一件很棒的事。不是吗？

做社会舆论的引导者

儿子啊！你不会知道当你被选为学校学生会会长时，爸爸有多么高兴，因为这将会培养你的领导能力。还记得爸爸以前总叫你把自己想象成领导吗？爸爸这样要求你是有道理的。在有很多成员的组织中，需要有人发挥牵头的作用。即使是只有几个人的私人聚会，也需要一个牵头的代表。但有趣的是：由有准备的人牵头的组织，组织大部分会越变越大，聚会也会搞得有声有色。相反，由没有提前准备的人牵头的组织，往往是过不了多久就解散的。

爸爸以前参加了一个大学同学会，一开始，会长由一个积极的、肯为同学会牺牲的人来担任，那时我们经常聚会，经常交流。后来会长改由一个思想消极的人来担任，同学之间聚会的次数就越来越少了。同学会是为了和高年级的同学保持联系而产生的一种聚会，大家聚在一起，听听彼此的近况，并且互相激励。小组织如此，大组织也一样。

通过这些锻炼，你可以学习到领导为推行一项计划而将大家的意见统一起来的方法，而且还能学习到用什么样的方法才能最有效地达到组织的共同目标。

无论是班长、部长，甚至是打扫卫生的卫生委员都是一样的。通过发挥领导作用，可以让你学会怎样看得更宽、想得更深。

今后你可能也会成为工薪族，除了极少数的专家以外，大部分人都要根据工作的年限自然晋级，到了一定的年限，你也一定会成为某个组织的领导。比如说，1987年爸爸进入证券公司，1991年升为代理，1996年升为公司的总务科科长。那时，爸爸管理着总务科、公司房产小组、车辆班、宣传科等部门的几十名员工，由此获得了宝贵的经验。我开始思考之前没有意识到的问题：怎样让员工为实现公司目标、为实现公司的利益而奋斗？怎样让他们拥有正确的目标意识？用什么方法解决员工对公司待遇不满等问题？那时工作虽然很辛苦，但学到的东西却最多。

随着你社会影响力的提升，你也会领导一些人，比如担任

> 把自己想象成一个组织领导人，并尝试为集体作出牺牲。

某部门的负责人。而领导能力并不是哪一天突然从天上掉下来的,也不会是与生俱来的。经常思考一下,如果你在这个位置上,你怎么思考,或者会采取什么样的行动,你的领导能力就能得到提升。无论遇到什么问题,首先站在领导的立场想一想。比如说,如果你是学生会会长,你该考虑"用什么方法才能使自己的学校比别的学校更优秀"、"用什么方法能让朋友们愉快地度过学校生活"、"用什么方法解决学生之间的矛盾"等。如果对这些问题的思考有了答案,你就获得了作为领导的宝贵经验。

来,让我再告诉你一个提升领导能力的新方法——想想"如果我是总统的话,我会怎样解决朝核问题"。思考一下这个问题也是很有意思的。尽管只是想象,但通过思考,你的领导能力和思维能力就会得到提升。作为这个社会的领导人你可以做些什么?做什么样的决定才能符合所有人的利益?做什么样的决定才最符合道德原则?想想这些问题吧,这样做可以使你变成一个非常具有竞争力的人。

你所在的社会是一个充满竞争的社会。无论是上学、工作,还是自己创业,团体生活都是不可避免的。要经常想想什么是领导能力。改变你所在的社会,让它朝着正确的方向前进是一项多么让人兴奋的事业,没有体会过的人是不会了解的。

在领导力训练中,我们必须学会一样东西——自我牺牲。如果我损失了10元钱,组织会还给我100元的话,这样的结果是最好不过了,证明了自己有领导能力。当然如果我的同事都不愿自己吃亏,都想获得最大的利益的话,上面的方法就行不通了。还有一种方法,那就是通过自我牺牲,使那些和组织利

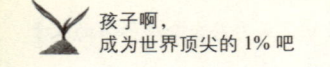

益相关的人获得最大的利益,这就是领导的作用。

作为一名优秀的领导者,拥有道德原则也是非常重要的。公平竞争之所以重要,是因为反正要竞争,在公平竞争中取得胜利后获得的满足感和喜悦感最大。现在我们的社会已经陷入了目标至上主义的困境,为了达到目的,人们可以不择手段,社会朝着不正确的方向发展,这点让人十分担忧。然而目标至上主义者是没有立足之地的。如果你学会用合乎道德的、合理的方法解决问题,最后一定会成为一个优秀、受人尊敬的领导。

将感性和理性统一

每个人都具有感性思维和理性思维。一般情况下,其中的一种思维会表现得更明显,并且左右人的性格。将自己的感性特质和理性特质统一起来是非常重要的。

感性思维突出的人,可以在艺术领域里留下自己的足迹,就像高句丽时代的古墓壁画一样,栩栩如生地再现了当时的狩猎文化。几千年前就已经出现了如此优秀的艺术家,这足以让人佩服!文艺复兴时期的巨匠们在梵蒂冈教堂留下了许多壁画,他们凭借优秀的感性思维和对绘画的热情,为我们留下了宝贵的文化遗产。柴可夫斯基将自己哀伤的感情谱写成旋律优美的音乐作品,至今仍受到全世界乐迷的追捧。像他们一样,将自己的感性情感好好利用起来,才能将才能发挥得淋漓尽致。

也有很多历史名人是理性情感型的。如发现了万有引力定律的牛顿、古希腊的著名数学家毕达哥拉斯等,这些创造了科学理论的科学工作者发挥了自己的理性潜质,找到了存在于自然中的科学法则，为人类发展作出了巨大的贡献。

感性的人的共同点是大都拥有善良的心灵，总是为他人考虑，也非常喜欢运动。理性的人，他们的特征是性格坚韧，注意力集中，一旦沉迷于一件事，就要追根究底，他们的性格有点固执、冷静。要想改变这种潜质是很困难的，这种潜质往往会影响人的一生。因此，爸爸希望你们能好好利用你们的潜质，找出你们最擅长的事情。

你最擅长的并不是别人强迫你去做的，它必须是你打心底里喜欢的事情。一个人的潜质是即使没有经过训练也具备的能力和优势。但是你一定要记住，过度开发自己某一方面的潜质，可能会对你的社会生活造成阻碍。如果一个人只侧重于发展自己某一方面的潜质，有可能导致他与别人交往时产生障碍。如果你无法平衡个人成长与社会交往之间的关系，你可能会感到非常孤独，甚至有挫折感。因此爸爸希望你们努力开发自己与生俱来的潜质，对自己不足的部分，要通过努力学习来弥补。

> 作为一名优秀的领导者，拥有道德原则也是非常重要的。

对于感性的人，在需要进行理性判断的时候，如果还是感性地处事的话就会出大事。看到不道德的现象，觉得无法忍受是理所当然的，但有时我们应该后退一步，日后再重新对事情进行判断。感性的人有时缺乏深思熟虑，往往会依据自己的感觉判断事情，这样做容易犯错。这时我们就应该养成分析和思考问题的习惯。习惯理性思考的人，在身处危机时总能冷静判断，把他所在的组织和社会引领到正确的方向上去，发挥风向标的作用。但是，如果过分依赖这种冷静的潜质，你失去的就不仅仅是朋友，还会失去同事。因此，我们应该拥有宽广的胸怀和善良的心灵，真诚地对待朋友和周围的人，养成凡事先替自己的邻居和朋友考虑的习惯。

我们的结论是：达成感性和理性的统一很重要。我相信，如果我们不断努力，将自己的优点发扬光大，并不断改正缺点，我们就会拥有更多的竞争力。

让历史记住你

我想，要成为符合全球标准的人才，必要条件之一就是拥有正确的价值观。从这个意义上来说，爸爸希望你做个名垂青史的人，而不是一个只关注金钱的人。那些名垂青史的都不是富人。富人们很快就会被历史遗忘。尽管有一句话叫"富人破产也够三代人吃喝"，但几十代人以后，子孙仍能守住家业的又有多少呢？据统计，在韩国20世纪70年代兴起的大企业中，维持到现在的仅有一两家。从这一事例可以看出，富人要守住财富是多么困难。因此，爸爸不希望你的梦想是成为富人。

爸爸希望你做个名垂青史的人，而不是一个只留下金钱的人。你们要在各自的工作领域取得最高的成就，做出能让子孙后代引以为豪的丰功伟业。文学家通过文学作品将他们那个年代的精神面貌展现出来，给后世留下了解读那个年代的宝贵文献；音乐家们给人们留下了动人的乐曲，几百年以后这些乐曲仍能给人们带来希望和安定；科学家们给人类留下了宝贵的科学法则，给后代带来繁荣与安定的生活。尽管我们生活在物质万能的时代，似乎"只要有钱便没有办不成的事"，但这种想法毕竟太过片面了。由于那些名垂青史的人在不同的领域作出了惊人的业绩，才使我们的社会变得如此美好。

不久前一个神父讲的故事给我留下了深刻的印象。神父的一位近亲是几年前就拥有几百亿资产的富商，然而他得了不治之症。听说这位富翁直到临终一刻还因为舍不得钱而不肯闭眼。给你讲这个故事，是为了告诉你钱是多么虚无缥缈的东西。实际上人的一生要想过得丰富多彩，并不需要很多钱。

爸爸认为人本身比他拥有的财产具有更高的经济价值。爸爸认识一个企业的部门领导，他的年薪超过1亿韩元（约为人民币50万元。——译者注）。然而他一直对自己的工作不满，总是抱怨公务缠身，生活没有趣味，经常向我诉苦说羡慕那些富人，而

> 无论是感性特质还是理性特质，都是与生俱来的，我们要努力挖掘并发挥这种潜质。

实际上他本身已经是一位相当有钱的人。听了他的话，爸爸觉得他可能是过于贬低了自己的价值。

让我们将1亿韩元换算成财产。最近定期存款的利率大约是5%，如果我们想要得到1亿韩元的利息，需要往银行存多少钱？我们把1亿韩元除以一年的利率5%，算起来大约需要20亿，这是一笔巨大的财产，也就是说他的身价至少有20亿。即使这样他还是对自己的身价不满意。而爸爸认为鉴于他在工作中为社会发展作出的贡献，他的经济价值远远超出了20亿。

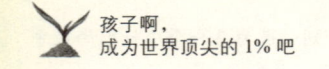

所以爸爸希望你做个名垂青史的人，不要把金钱看得太重，而且我相信你所获得的回报也会随着你作出的贡献而提高。

我们来看看黄皙暎和李文烈这两个人。黄皙暎是韩国进步势力的代表，而李文烈是保守势力的代表。这两个人写书，保守来说也能卖出100万册。也就是说，只要写一本书，就能给他们带来上亿韩元的财富。那他们的身价又是多少呢？按照爸爸的计算，他们的身价至少应该有几百亿韩元。但是，这些人真正的价值在于他们为我们这个时代所塑造的正确价值观。他们是对所有人的精神世界都产生了一定影响的优秀作家，他们将在韩国的文学史上留下自己的名字。

如果只把眼前利益当成自己的目标的话，金钱一定会成为你的人生目标，那你的人生就只能局限在一个很小的范围。如果你拥有更远大的理想，你的人生价值也会得到无限的扩展，请你牢记这一点！

实用性知识是取胜的关键

为了在全球化竞争中生存下来，积累实用性的知识很重要。知识正以惊人的速度向前发展，在互联网的带动下，知识流动的速度呈几何级数增长，在这种情况下，拥有实用性知识是在国际竞争中取胜的必要条件。

爸爸刚进大学的时候，很多人都十分看好文学，人们并不知道社会对经营学人才的需求比政治学、社会学更多。但从当时大学的录取分数线来看，人文大学的分数线大多比经营大学的高。隶属于经济学，和经济有关的领域，还有应用统计学、不动产学等，现在甚至还出现了运动营销学、酒店管理学。这些学问已经发展成新的知识领域。我想，大学正逐步意识到过分重视学问、忽视实际操作的危害，因而对学科设置作出了调整。这也反映出社会越来越重视实用性学问。学习实用性学问的人比学习文学的人在就业方面有优势，因此实用性学问大受欢迎。

爸爸上大学的时候，理想主义色彩非常浓厚，特别排斥实用性学问。我认为，除了讨论关于存在的问题或者社会结构等形而上学问题的学科，都不算学问，自我感觉非常清高。但从那时起，人们就已经在理论基础上，努力将不成体系的企业经营问题转化为实用性的学问体系，并完成了具体理论的创造。在仅仅20多年的时间里，这些实用性的学问理论已经成为这个社会和经济发展的强大知识后盾。

> 鼓励孩子多动手，学以致用，学习不仅仅是为了考高分。

你也读过《星巴克的情感式营销》吧。这本书已经被当做研究经营学的经典教材并受到广泛好评。包括美国在内的很多发达国家都在研究多样化的营销手段，并通过这些手段使企业的收益模式变得灵活多样。

实用性学问已经为那些开展经营活动的企业提供了合理的参考经营模式，而且实用主义创造的主要理论已经为企业和社会进行有效的资源整合提供了强大武器。实用性学问可以转化成灵活多样的技术，可以成倍地提升我们的能力，也能让你更轻松地实现自己的目标。

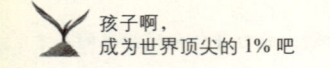

我想，如果把实用性知识广泛应用于我们目前正在开发的生产领域，将会为这个社会创造出新的生产力、创造出更多的盈利机会。比如说，韩国最大的拍卖网 Auction 通过网络拍卖开展商务活动，受到了广大网民的青睐。网络拍卖必将成为新的商品流通形式。

通过手机进行商务交易的创意一开始遭到很多人的反对，然而现在已变成现实。电子商务往来、电脑安全与认证、金融通信三者结合在一起，已经发展成一种前所未有的商业模式。

要说最近最畅销的经管类图书，应该是《蓝海战略》〔《蓝海战略》为企业赢得竞争提供了一套系统性的方法。作者钱·金是欧洲工商管理学院(INSEAD)波士顿咨询集团战略和国际管理系教授。——译者注〕，这是一部非常具有代表性的著作。由法国欧洲工商管理学院创造出来的蓝海战略理论，已经为全世界无数的企业提供了开创新型事业的方法。

现在你明白实用性知识的重要性了吧？爸爸希望你在这些领域不断对照国际发展的速度，努力寻找新的经济发展模式。在我们学习先进国家发展模式的同时，还要清楚认识到我们的优势在哪里。只要付出了努力就一定会获得丰厚的回报。对你们这一代人来说，机会就像天上的星星，数不胜数。不断发展的知识体系为你们创造新世界提供了充足的资源，这就是实用性学问给予你们的最好的礼物。

提高对金钱的敏感度

你知道 1 亿韩元用阿拉伯数字来表示的话，1 后面有几个零吗？8个。爸爸开始的时候对数字反应非常迟钝。进入证券公司以后，第一次赶上公司发行债券（公司为了借钱而付息发行的一种债务证券），对我来说，要把债券上标注的金额以及支票上出现的金额准确地读出来并非易事。现在我做这项工作已经有15年了，现在我只要看一眼支票，就能准确读出上面的金额。这是爸爸培养对金钱敏感度的第一步。

金钱几乎是我们对所有经济活动的价值进行评价的唯一工具。我们了解金钱的价值最直接的手段就是通过"交换价值"。首先要了解我们能够拿自己手上的钱做些什么。

比如你有10万韩元。你可以买一个新型的MP3，也可以请好朋友吃一顿丰盛的晚餐，当然你也可以存入银行，然后收取利息。做什么样的决定完全取决于你自己。虽然做选择的过程

> 金钱是所有经济活动最重要的媒介。社会越多元化、复杂化，金钱作为交换价值的意义就越大。

是一样的，但是将钱用在最有意义的事情上，才能使自己获得最大的满足，这才是有价值的经济活动。

爸爸督促你们写"零用钱账簿"就是这个原因。**你首先要清楚自己一个月可以支配的钱有多少，知道自己的零用钱都用在了什么地方，然后你才能有效地使用自己的钱。**不断重复这一过程，你就会知道自己是否把钱用在了刀刃上。通过锻炼，你对金钱的敏感度会逐步提高，这对你今后合理消费有很大的帮助。

你妈妈有一个家庭账簿，记录了每个月爸爸赚了多少钱，

家里花了多少，存了多少。如果对这些没有记录，家庭的财政状况是难以把握的。要维持一个家庭，很多地方都需要花钱。比如说教育费、公寓管理费、在外就餐费、交通费、文化娱乐费等，这些都是支出的项目。赚来的钱也是要区分的。有爸爸赚的工资，爸爸写作收的稿费，还有在银行存钱收到的利息等，这些都是家庭收入。从收入中扣除支出的费用，就是所谓的家庭盈余资金（剩余资金），这些钱是为将来储备的剩余资金。

　　这种活动同样也适用于企业。企业盈利包括销售商品赚来的钱（销售额），存钱到银行收到的钱（利息），将技术转借给其他企业收到的钱（知识产权）等，盈利的方法有很多种。企业要生存，支出也是必须的。生产商品需要购买原材料，要发给职员薪水，要向银行支付贷款的利息等。企业将所有的活动记录下来，也就是企业会计做出的"收支报告"。企业在从事经济活动的过程中赚了多少钱，减去支出的费用，剩余的就是净利润。

　　还有一项叫"收支对照表"。"收支报告"通常是以一年为周期，从赚取的钱中减去花费的钱，得出企业实际上赚了多少钱。而"收支对照表"是以特定的周期为标准（通常是年末进行统计），将企业拥有的财产和负债进行比较，来计算实际拥有多少钱。

　　比如说，你拥有价值相当于1亿韩元的工厂和销售设施，在银行里存了1亿韩元，还通过销售产品赚取了1 000万韩元，那么你的总资产便是2.1亿韩元。但你为了生产商品从银行贷款了1亿韩元，又赊欠了材料费用1 000万，那么到了年末这家公司实际拥有的资产应该是1亿韩元。做"收支报告"和"收支对照表"的方法其实也可以用到你们身上。利用这种方法进行统计，你就能对自己的财务状况一目了然，也就能够知道应该怎样计划一年的生活。

现在你明白爸爸为什么要你写零用钱账簿了吧？看到钱的去向，就知道应该怎样花自己的钱，也能够很容易地判断出以后该怎样合理运用自己的钱。

积极分析社会问题

我认为，无论现在社会上发生了什么样的事，我们都要能够进行冷静、透彻的分析，这是非常重要的。

来看看我们生活的社会吧：青年失业问题已经出现了很长时间；韩国历史上首次出现国会弹劾总统的事件；不动产价格暴增引发一系列社会问题；国家出台一系列防止投机的政策；在每10个成年人中就有1人因向银行或者金融机构借钱，并且在3个月内无法归还而成为信用不良者……这些都是我们的社会问题，我们随时都能在电视、报纸中看到相关的报道，这足以说明其严重性。但这些问题都是在社会发展中必然出现的一些问题，都有一定的成因，最终也会给我们的社会带来一定的影响。

对于这些问题，你可以始终坚持"我不知道"的态度，但这并不是正确的态度。因为这些问题中的绝大部分都可能给你的人生带来影响。**所以你要对社会中发生的事情进行正确和冷静的判断，通过预测今后会发生一些什么样的事情，让自己对未来出现的变化有所准备。**

站在爸爸的立场来判断一下。先说说青年失业的问题。我们社会的经济在 20 世纪 80 年代由高速增长过渡为平稳增长。在这一过程中，经济增长率下降，工作岗位随之减少，导致青年失业。劳动密集型产业现在已经过渡到资本密集型产业，这必然导致失业问题的加剧。那么今后该怎么办呢？在还没有制订出划时代的经济发展计划前，青年失业问题在今后相当长的一段时间内必然还会存在，甚至等你长大成人后它依然是重大的社会难题。那么爸爸能做的就是帮助你们不被青年失业的问题所困扰，使你们能够拥有喜欢的职业，能够适应社会的变化。

爸爸作为记者，要做的事情还有很多。我们应该倡导一种正确的舆论导向，迫使社会创造出更多的工作岗位，修改就业政策，鼓励创业。

不动产价格暴涨问题又是怎么回事呢？爸爸认为是 1998 年金融危机爆发后实施的流动性政策（把资金放入社会，降低利率，鼓励消费，以丰富的资金为基础快速提高经济发展，促使经济活动活跃化的政策）的后遗症导致了不动产价格的暴涨。当全世界的经济状况有所改善时，过剩的资金引发了各种后遗症，其结果之一就是导致了很多人投资于不动产。

我们国家的出口形势非常好，但国内的消费水平较低，因此如果内需停滞的状况不能尽快解决的话，今后还会出现比不动产价格暴涨更严重的后遗症。政府出台了各种防止不动产投机的政策法规，也是为了防止其他后遗症的出现。

该如何应对这个问题呢？如果是买房子，为了防止利率上升，应该推后一些再买。为了防止经济长期处于停滞状态，应

第3章 计划：成为符合全球标准的人才

该将负债减少至最低。同时，应该鼓励国民消费。

在生活中，我们要对社会中发生的事和现象进行思考，并对未来的变化做好准备。**爸爸让你们平时多读报纸，让你们对世界上发生的事多加关注，就是这个原因。**

再给你举一个例子。爸爸认识的一个叔叔曾经营一家高级西餐厅。经济危机爆发后，西餐厅生意惨淡，客人减少了一半。最后，这位叔叔痛下决心，损失了一半的投资卖掉了这个店铺。他做出这个决定是很不容易的，因为损失很大。

但如果他继续经营这个西餐厅，那以后每个月损失的钱加在一起可能会比现在损失的钱更多。这个朋友用卖掉店铺的钱又开了一家烤肉店。这个烤肉店不再是高级烤肉店，而是一个普通市民都可以消费得起的店铺。他认为，反正大家生活都很艰难，喝烧酒的人应该比喝洋酒的人更多吧；与昂贵的牛排相比，还是便宜的烤肉更好卖吧。事实证明，这位叔叔获得的收入比经济危机爆发之前还要好。

这位叔叔为什么能做出正确的判断呢？是因为他意识到当时我们社会的困难处境后，把自己的事业调整为符合当时现实的状况，这个决策非常及时到位。如果固执地继续经营西餐厅，这位叔叔现在可能已经成为"信用不良者"了。能够对社会现象进行很好的理解、分析，可以改变一个人的人生旅程。

我还有一点要嘱咐。现在发生的这些社会问题，可能引导着我们的社会不断向前发展，也可能使我们的社会陷入瘫痪，甚至还有可能毁灭所有人对未来的希望。我们要清醒地认识到这一点。因此，我劝你如果想让我们的社会朝着更加健康的方

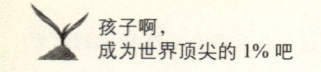

向发展，就应该时常关心社会问题，并思考应该怎样做，这样就会使我们和我们的子孙生活得更好。

为我们的文化而自豪

为我们的文化而自豪也是非常重要的。举个比较明显的例子，"裴勇俊效应"是韩国文化在亚洲引发的热潮，并进一步作为全世界的一种文化被传播开来。有人估算，裴勇俊效应能创造大约1兆韩元的经济附加值。不仅是日本受到韩流的影响，事实上中国、越南、泰国等任何一个亚洲国家，都可以很容易地接触到韩国的歌曲和电视连续剧。现在韩流已经变成了一种文化潮流。我们可以认为，这是韩国特有的自由、富有创造性的文化与亚洲文化交融而产生的现象。

在产业领域，韩国人凭借诚实和创造力将半导体发展为世界上无人能及的一流产业，并使之成长为全世界最具竞争力的产业。曾经是戏剧演员的宋承桓创作了"乱打"表演，现在已经有几十个"乱打队"长期在全世界进行巡回演出，并受到广泛欢迎。"乱打"是把我们的传统打击乐器和一个独特的工具——厨具进行结合而产生出的富有现代感的表演形式。还有泡菜，它是韩国特有的传统发酵食品，现在已经受到全世界人民的喜爱。说泡菜已经成为韩国人独特的饮食文化，这绝不夸张。

将我们特有的东西逐渐发展成全球化的东西，这种文化要素会为你们创造更多的机会，使你们成为具有全球竞争力的人。因此，你们要对我们的文化充满自豪感，进一步成为具有"全球竞争力的人"。

爸爸的建议

你们应该具备的能力

1. 具备知识和常识

拥有丰富的知识和常识不仅可以使你成为一个正直和均衡发展的人,也可以使你对整个社会怀有强烈的责任感。

2. 外语的重要性

到海外发展的国内企业不断增加,进入韩国市场的外国人也在不断增多,在全球化的时代,为了主动争取更多的经济活动,学好外语是首要的。

3. 做具有历史意识的高素质人才

为了不忘记我们民族在发展过程中的失败,保障我们的生存权,你们要在拥有历史意识的基础上,成为具有国际视野的人。

4. 成为舆论的引导者

想想怎样将不一致的意见有效地集中在一起。假设自己站在领导的位置,并贯彻道德原则。

5. 感性和理性要统一

一方面要努力开发自己与生俱来的特质,一方面又要补充不足的地方,使之协调达成统一,这样你会拥有与众不同的竞争力。

6. 对金钱的直觉和理解社会问题的能力

为了给将来做准备,应该从现在开始培养经济观念,关心每天发生的社会事件和社会现象,联系自身并思考解决问题的方法。

在生活中，你们应该保持的心态……

第 **4** 章

心态：拥有成功的人生

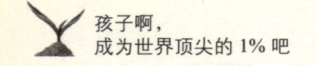

成功人生的前提

想要拥有"成功的人生",我们首先要知道什么是成功。对于这个问题,只要想想"谁是最幸福的人"就很容易找到答案。在爸爸看来,做自己喜欢的事情,享受人生的快乐,能够和喜欢的邻居、朋友一起生活,这就是最幸福的人生。

由于人们对幸福的定义不同,想要做的事情也就不同,判断"成功的人生"的客观标准确实很难制定。因此,对自己生活的满足感成为判断成功人生的最重要的尺度。"成功的人生"会因每个人对"我是谁"、"我对这个世界的希望是什么"、"我有什么样的人生目标"等问题的看法不同而不同。因此,了解自己,确定自己的目标是很重要的。

比如说,你说你现在正为成为一个世界级的企业家做准备,但是,即使你真的成了一位世界级的企业家,你也不会因此觉得自己的人生就是"成功的人生"。没有任何目标的生活,或只满足于自己的生活,都不能被认为是"成功的人生"。

制定自己的人生目标,了解自己能为社会作出什么贡献,希望自己生活的世界变成什么样子……经常思考这些问题，为此描绘自己的人生蓝图，这是通往成功人生的必要步骤。

要想让人生充满意义，就应该设计自己的"人生计划"。你可以把"人生计划"定为"我将成为一个什么样的人"，例如成为一个富人、一个政治家、一个金融家等。但最重要的是，当你成为了你所希望的人以后，要为"我可以做些什么"而做准备。比如说李完用（韩国历史上的大奸臣。——译者注）一家。

在朝鲜王朝末期，李完用还是引领社会发展的精神领袖。这个人为什么到现在却被人骂作卖国贼，他的子孙为什么极力掩盖自己是李完用的后人呢？这是因为在当时的社会，身居高位的政治家做出了违背国家利益的决定，做出卖国求荣的丑行而遭到唾弃。

所以，虽然你有了成为什么样的人的目标，但如果你对达成目标之后应该怎样做没有明确的计划，你就只能看到眼前的利益，或者是为了维持自己的地位，在历史舞台上留下污点。要实现"成功的人生"，就要拥有正确的价值观、世界观以及一个"人生蓝图"。

人生是什么

"人生到底是什么"可能是活着的人都思考过的一个问题。也许一些疲于生活的人会想"为什么要让我到这个世界受苦"，但没有人是根据自己的意愿来到这个世界上的。子女的出生都是因为妈妈和爸爸相爱、结婚，然后得出爱情结晶。无论是爸爸，还是你和你的朋友，这个世界上几乎所有的人都是这样出

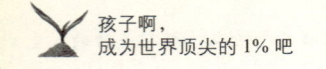

生，见到第一缕阳光的。无论是受欢迎的还是不受欢迎的生命，人们都不是按照自己的意愿来到这个世界上的。

出生以后，在父母的呵护下长大成人，开始自己的人生并组建自己的家庭，延续后代，这就是人生。在生活中我们有可能患上像癌症之类的不治之症，也可能上了年纪不知道哪一天死神会悄然降临，但这就是人生。

我们不是神，所以不能获得理想中的长生不老，这是自然规律。生命是有限的。有人持怀疑的态度说：人终归是要死的，那为什么还要出生呢？很多哲学家也在思考"人生到底是什么"这个问题，于是从中世纪开始，就形成了享乐主义和禁欲主义等各种哲学思潮。

> 没有准备好在达成自己的人生目标后该如何生活，"成功的人生"无异于空中楼阁。

在东方，创造了以儒家和道家为主的各种思想，还有对人生怀有悲观情绪的厌世主义思想。当然，时代不同，自然会产生反映不同时代的各种哲学和思想体系。但爸爸认为，基本上，思想潮流都是以"人生是什么"的疑问为出发点的。

这些思潮给生活在这个世界上的几十亿，甚至是几百亿人提供了各种各样的"处世原则"。既然人的生命是有限的，那么生活在这个世界上，就需要思考"怎样度过自己的一生"的问题。

虽然你们每天都必须去学校，为了烦人的考试而学习，但你仍可以埋头于自己喜欢的事情，选择自己的生活方式。不知不觉间你们已经长大成人了，几乎到了自己决定一切的年龄。

你有什么目标？还是单纯为了维持生活而埋头于日常生活？有一天你也会像爸爸一样走过中年，迈入老年。

如果你从现在开始思考并设计自己的人生，那么你的人生会变得精彩纷呈，将来回首往事，你都会觉得这辈子不枉此行。人生不应该是"随随便便"或是"随遇而安"，而是根据自己制定的目标，成为自己人生的主人，在人生辽阔的海洋上，驾驶着"航空母舰"自由驰骋。

拥有正确的思想

俗话说"三岁看八十"，小时候拥有的思想以及根据思想产生的行为习惯会对人的一生产生重要影响。为什么会这样呢？**一些看上去没有经过任何思考而做出的行动，或者是因偶然因素作出的决定，实际上都是小时候积累的"自我行为方式"的体现。**

爸爸希望你在青少年时期就要多思考，深思熟虑后再行动。比如说，你现在没有钱，却有一样非常想要的东西，假定是数码相机。你要得到数码相机有很多方法，你可以缠着父母让他们给你买，你也可以抢你朋友的，或者偷钱来买。

如果父母很有钱，你想要的东西都能得到满足，那当然最好，但是能够满足子女所有要求的父母并不多。如果父母满足不了你的要求，你该怎么办？又因为太想要了，你觉得可以去偷，或是抢别人的，但这都是不正当的，所有人都知道这一点。维持世界秩序的标准以及法律和伦理都不断地教育我们，偷盗和抢劫是不正当的行为。我想之所以有人这样做，是因为自身

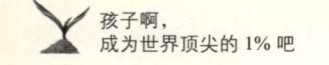

没有对生活中规定的秩序进行仔细思考。特别是当认为自己已经变成强势的人之后，就更容易掉入这样的诱惑当中。

让我们来想想别的办法。如果我有需要的东西，我可以想办法提高自己的购买能力。比如说，我觉得非常需要数码相机，那我可以通过打工赚钱来买。我通过自己的劳动赚钱，买自己想要的东西，这是最正确的方法。这只是一个简单的例子，但这也是我们生活中经常遇到的问题。因此，在你们这样的年纪养成"正确思考"的习惯是非常重要的，而这种"正确思考"取决于自身怎样思考以及怎样行动。

再说说你和朋友打架的事。起因通常都是一些非常琐碎的事。在这种情况下，如果能够换位思考，就不至于打架。站在自己的立场，可能觉得自己没有什么错误，但站在对方的立场，可能自己的一句话给对方的心灵造成了伤害，也可能伤害了对方的自尊心。虽然不是大事，但往往导致误会，这种情况时而会发生。所以，如果能够正确地思考，不必要的误会就会大大减少。换位思考正是你们这个年纪的孩子在失误中要探索的一种正确的思考方法。当你长大成人后，在生活中它也会成为非常有用的人生原则。因此，从小时候开始练习换位思考并辅助行动，是非常重要的。

学习中庸之道

中国有一本古籍叫《中庸》。《中庸》《大学》《论语》和《孟子》合称为"四书"。中庸这个词就源于孔子的孙子——子思写的这本书。中庸就是由意为"不偏重于任何一方"的"中"字和意为"普通"的"庸"字组成的词汇，意思是"在日常生活中不偏重于任何一方，均衡地思考和行动"。

东西方对人的本质是善还是恶有很大的分歧。但是孔子和孟子的儒家思想认为人的本性为"仁"，所以人的本质应该是善。如果用不偏重于任何一方的方式思考，那么人类的本性应该是仁，这是最接近天道的一种理论。

西方的亚里士多德也以另一种方式表达了中庸思想。亚里士多德认为，人本来既不善，也不恶，而是根据某人选择怎样度过人生后才来判断此人，既可以为善，也可以为恶。他认为，人通过理性将自己的特点充分发挥出来，就能获得幸福。要养成既不过，也没有不足的中庸习惯。

如果说东西方的学者对中庸思想有相通点的话，那就是东西方都认为中庸思想蕴涵着人类生活的智慧。要做到思考不偏重于任何一方，在实际生活中是很难的。很多时候，人们理性更侧重于用感性做判断，再按照惯性思维行动，以后再来看，会发现很多时候都是走上了一条和自己想法完全相反的道路。**中庸之所以重要，是因为它是扼制人们极端行为和偏激思考的方法。如果想法和行动过于偏激，在很多情况下很容易导致重大的失误。中庸能够阻止这一点的发生，这是非常重要的。**

孟子所谓"易地而处"，就是要站在别人的立场进行换位思考。常常站在一个角度考虑问题，会看不清问题的全貌。我们来想象打高尔夫球。当我们在草地上打球时，要想让球进洞，我们必须判断是上坡还是下坡。只站在一个角度来看球，做出的判断往往不准确。专业高尔夫球手在这个时候通常都按照相

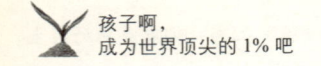

反的角度来看球。打高尔夫尚且如此，更何况我们做重要的判断呢？因此你要常常在心里秉持中庸和"易地而处"的想法。

要勤于思考

最近你的苦恼也有很多吧？为什么脸上长了这么多青春痘，让英俊的脸留下了疤痕；你还想到了死亡，觉得人生非常可怕和虚无，等等。从小到大，很多问题都让你苦恼过。都已经是大孩子了，为什么学校里不让留长发？爸爸为什么经常喝酒呢？为什么东亚地震一下子就让几万人失去了生命？看到这个灾难你会想，难道《圣经》中说的世界末日到来了吗？还有，在舞会上遇到一位心仪的女孩子，为什么她不明白自己的心意呢？

这些都是你们同龄的孩子们曾经苦恼的问题。对于这些问题爸爸也没有很好的答案。但你们要学会积极地思考。为什么呢？因为思考将会把你打造成一个"有思想深度"的人，让你养成更加缜密慎重、准确判断的做事习惯。

人和动物的本质区别是什么呢？生物学家给出的答案是：人可以自由使用手，可以直立行走。但最根本的区别是人类拥有语言能力并且会思考，人是有思想的动物。勤于思考，越多地挖掘人类的潜质，就会越接近人类的本质。通过整理自己的思想，我们能够更好地维护自我主体性。

禁书《切·格瓦拉传》最近成为了畅销书。切·格瓦拉是古巴的革命英雄，他出生在中南美洲一个富有的家庭中，从医大毕业后便参加了古巴革命。切·格瓦拉在上大学期间，到中南美洲去旅行时深刻感受到这一地区恶劣的社会环境，看到了中南美洲人民凄惨的生活。怀着改变这种恶劣环境的信念，他放弃了古巴中央银行行长的职位，在玻利维亚为准备新的革命积聚力量。很多人对他非常敬佩，这都是因为他在自己坚强信念的指导下做出了令人赞赏的功绩。

爸爸希望你们在想起切·格瓦拉时，不要去拿左翼或是右翼的尺度来衡量，而是去考虑最接近人类本质的问题。**根据一个人自己感受到的和看到的来深化自己的内心和精神世界，来奉献自己的人生，是一件美好的事情。**即使切·格瓦拉是右翼分子，也就是现在说的保守势力的先锋，他也对他所在的社会进行了思考。"应该怎样生活下去"，这是他典型的思维方式。

人生的维生素——考验和失败

在人生中，考验和失败似乎是任何人都会经历的事情。世界上，轻松取得成功的例子并不多。大多数人都是遇到了失败和挫折，饱受磨炼，克服了很多困难，才创造了今天的成功。

世界级企业三星集团也一样。三星集团的创始人李秉哲在创业初期，靠开办当时远近闻名的"精米所"（给稻米脱谷的地方）赚了一大笔钱。之后他投资房地产，却遭受巨大损失，造成事业上的重大失败。李秉哲董事长的名言——事业经历三次成功，也必将经历三次大的失败——就是在那时得出的经验。

还有发现了镭，两次获得诺贝尔奖的居里夫人。她为了得到自己想要的实验结果，经历了无数次失败的考验，但她凭借坚定的信念获得了成功。居里夫人在失败的时候总是这样鼓励自己：

虽然环境并不舒适，
但这根本算不了什么。
我们应该有恒心，尤其要有自信心。
我们拥有无限的潜能，
我们必须铭记这一点。
有时候无论我们怎么努力，
也无法实现目标，
这种情况是完全可能发生的。

  是的，任何人都不能保证自己事事都如愿以偿，但如果我们朝着目标不懈地努力并默默地奉献，神就会给我们机会，我们的目标就总会在未来的某个时刻达成。后辈们会对我们失败的教训不断总结和反省，从而不断提高。因此，我们的努力不仅是为自己的家人，也是为整个人类奉献出宝贵的经验。保罗·科埃略的《炼金术士》中有这样一段话："这个世界始终相信，如果你诚心祈求一个愿望，那它一定能实现。因为你的渴望必定是源自宇宙中心，实现这个愿望是你应当承担的任务。"

  经济状况变得困难之后，爸爸也经常想"人生真艰难，真让人疲倦"。但爸爸又想到自己还有未实现的目标，为了实现这个目标，现在还不是泄气的时候。你一定要记住：对于所有拥有成功人生的人来说，爱迪生的"失败是成功之母"是最贴切的人生哲理。但失败也不会让所有人都收获成功的果实。重要的是要通过失败获得教训，不要重复犯错。

我们回想一下鼹鼠的故事。进入迷宫的鼹鼠在一条路上受阻，下次它还会重新返回到这条路上，它彷徨失措，因此总是找不到出路。但人就不一样了。如果走过的路不正确，我们再走一次的时候就会寻找别的道路。找那些我们没有走过的路，也许就会到达目标的终点。这样，通过失败我们获得了教训，等于向"成功之路"又迈进了一步。

爱让人生多姿多彩

拥有"爱心"是人生中最重要的事情之一。"爱"是占据人类心灵的基本感情之一。如果认为最大的爱是对异性的爱，那就太片面了。父母和子女之间的爱、对神的爱，甚至还有对自己的爱，这些都属于爱。爱可以包含很多层面的涵义。

我劝你首先要做到爱"自己"。你听过"每个生命都比江山更可贵"这句话吧？为了一个生命的诞生，几十亿个精子相互竞争，最后仅有 1 个和卵子相遇，这是经过多么激烈的竞争而获得的胜利啊！要来到这个世界上，必须具有在这种激烈竞争中胜出的能力。每个生命都是十分宝贵的，要学会爱自己。

同样的道理，你在这个世界上遇到的所有人，都是通过这样的竞争才来到这个世界上的，所以对于你的朋友、邻居以及你在今后生活中遇到的所有人，都要以"爱心"来对待。来说说爸爸的职场生活吧。每年到了年末，公司招收一些新职员，或是有一批同事辞职，公司都会组织聚餐。通常我们都喜欢在喝过一点酒之后，再找地方唱歌。有趣的是，这个时候最后点的歌，一定是 20 世纪 80 年代十分流行的二重唱组合"向日葵"

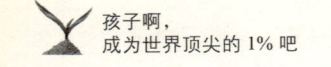

的热门曲目《爱》。即使没有人点这首歌，大家也会很自然地唱起这首歌，然后大家开始合唱。很多时候人们唱着唱着，就感觉彼此像是同一战壕的战友。

在我活着的时候有一件事要做，
即使站在风吹过的田野上我也不会孤单。
但当我看到松叶飘落的时候，却忍不住热泪盈眶。
在我们的心中太阳还会再次升起，
啊，我们的爱永远不会改变。
在黑暗中，伸出手，为我们带来光明。

爸爸每次听到或唱起这首歌时，对身边所有的人都充满了爱。我想这一刻所有在场的人心中也都充满了"爱"。说爱人之心是一切事情的根本，这绝不是夸大其词，甚至可以认为这是人生的本质。如果你也有讨厌或者是已经疏远的朋友，那么请你首先打开心扉去接纳他们吧。我相信你一定能改变和这个朋友的关系。如果你开始以"爱心"看待周围的事物，那么我相信你对这个世界的态度肯定也会产生积极的变化。仅仅因为你和喜欢的人生活在同一世界上这一点，你就会觉得整个世界充满阳光。如果因为你拥有的这种爱心而使别人的心灵发生变化，哪怕只有一点点，那么你的爱心就成为改变世界的"力量"。去年年底，整个韩国的经济状况开始恶化，经济停滞。然而社会福利共同募捐会依旧在年底举行了对处境困难的人的捐款活动，而且募捐款项达到了历史最高水平。

不久前，某报纸的社会版刊登了一则捐赠报道，一名匿名捐赠者，每年都为他所在公司的职员捐赠上百万韩元。受这位匿名捐赠者的感染，他们公司的其他职员也开始进行捐赠，最终引发了捐赠的多米诺现象。公司的领导想尽一切办法，想要查出这个每年捐赠上百万韩元的匿名捐赠者是谁，但都以失败告终。这位捐赠者只留下一句话："是谁做的事并不重要，只要我们的同事没有饿肚子的就好，所以不要打听我是谁。"

对自己的爱、对邻居的爱和对同事的爱，都会转化为爱的力量，这种爱的"传染病"会把世界变得更加美好。无论生活多么艰难，这个世界都值得我们珍惜和呵护。

坚信世界会越来越好

大韩民国的现状怎样？国会不断发生权力之战，各种民生法案还没有制定出来，青年失业问题比爆发金融危机时更加严重，人们开始担心温饱问题，信用不良者的数量在不断增加，露宿者的数量也达到了历史最高水平……农民担心大米市场开放的问题，色情服务业的人因为性买卖禁止法的颁布而在大街上举行游行示威，国家经济的前景黯淡无光，内需经济处于停滞状态，一些开饭店的人烧毁锅盖来举行示威……从表面上看，这个世界似乎处在"阿鼻叫唤"（梵语，指陷入阿鼻地狱后的呼叫声。比喻非常悲惨、呼唤求救的声音。——译者注）之中，像陷入了无边的混乱之中。

如果我们把现在和过去相比，就会注意到现在的社会其实已经发生了很多好的转变。爸爸上大学时，我们那一代几乎所

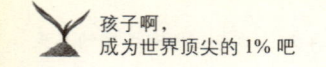

有的人都对我们的社会矛盾感到苦恼。一位大学政治学教授说过这样一席话："在你看来,这个社会非常不协调,充满了不道德的事情,努力想办法解决这些问题才是正确的。但是世界正在慢慢变好。刚刚告别军阀统治时代,我们正以极快的速度向民主化的方向发展。如果像你们这样忧国忧民的人不断增加的话,政治状况会发生改变,言论自由度也会越来越大。我确信,至少在你们长大成人时,社会的所有领域都将取得较大的发展。"

尽管这位长辈已经去世了,但爸爸时常想起他说的话。与20年前相比,我们的经济水平已经朝着发达国家的方向迈出了坚实的脚步。政治方面,尽管现在的文人政府还存在很多不足,但从执政党和在野党能够和平交替执政这

> 如果以憎恶的眼光看待周围的人,那么这种感觉是没有尽头的。如果以爱的眼光看待周围的人,那么你会感到世界也发生了改变。

一点来看,我们的社会也逐步走向成熟。政治家虽然和以前一样,没有发生什么大的变化,但收受"贿赂"的不道德政治家被关进监狱已经被看做是理所应当的事。还有,代表市民团体的非政府组织已经作为一股新的社会牵制力量出现,而且队伍正在不断壮大。教学环境也在逐渐改善。

在过去,一个教室里有70名学生同时上两种不同的课。现在一个教室里最多也就是30多个学生,教学环境得到了很大的改善。不仅如此,学习氛围也发生了重大改变,文化和技术也受到了社会的重视。过去,从事音乐、美术等艺术工作的人温饱都成问题,而现在,只要是有能力的艺术家就会受到社会的

认可。各大企业也积极进军文化市场。这是否预示着我们的社会生活已经进入到一个更加丰富多彩的阶段呢?

在爸爸小的时候,能够代表我们国家的演出场地最多只有三个文化会馆,而现在除了艺术殿堂,还有各个企业经营的演出场地。这些都是文化艺术繁盛的标志,说明我们的文化事业正在发生积极的变化。汉江建立了一个市民公园,市政府大楼门前建了一个大草坪和一个滑冰场。这些都标志着我们的社会正朝着以人为本的方向发展。

所有这些变化都表明我们的社会与过去相比更加和谐舒适,充满人文色彩。这个世界越来越适合人们生活,为此你们应该积极思考怎样度过有意义的人生。你们将来一定会成为世界的主人。努力将自己的国家变成一个更适宜居住的好地方,不是一件很有意义的事吗?

爸爸的建议

人生应该具有的心态

1. 积极备战

与"你要成为一个什么样的人"相比,更重要的是当你变成你理想中的人之后,要为"你要再做些什么"做好准备。没有准备的人生无异于空中楼阁,有可能会导致比没有建立人生目标更糟糕的后果。

2. 正确思考的重要性

要站在自己和他人的立场思考和做事。养成正确思考和做事的习惯,这样就会大大降低犯错的概率。

3. 对人生的思考

思考将会把你打造成一个"有思想深度"的人,让你养成更加缜密慎重和准确判断的重要习惯。不断对人生进行思考和自省,是克服挫折和失败的武器。

4. 中庸之道和爱人之心

中庸是"不偏重于任何一方"的意思。我们要坚持中庸思想,它是扼制人们极端行为和偏激思考的有效方法。如果我们以爱人之心看待周围的人,我们一定会感到世界发生了极大的变化。

5. 做个乐观主义者

我们一定要相信:世界一定会越来越美好。以更加积极的心态去生活吧。

> 这样选择你的职业……

第 5 章
准备：职业的选择

职业左右你的人生

总有一天你会长大，成为自己人生的主人。那时，无论是喜欢还是讨厌，都必须选择一个职业。这不仅会使你经济独立，也会通过它实现你的价值。多数人在选择职业的时候都很随意，或者根据个人的喜好来作决定。爸爸也不例外，在选择自己第一个职业的时候出现了重大失误。

直到大学毕业，爸爸的梦想都是能成为一名记者。1987年爸爸大学毕业，随即去服兵役，所以不能参加记者考试。因为当时只有从军队服役回来的人才能取得求职应试资格。当时我也想当然地认为，应该先结束在军队的服役，再参加就职考试。而仅仅在服役1年后，我的想法就改变了。服役归来，我认为选择工资最高的职业是最好的，因此首先参加了H集团的新职员招聘考试，合格之后就开始了自己的证券职业生涯。

H集团有十几个子公司，爸爸选择证券公司的理由只有一个：当时刚开始允许外国人在国内的股票市场进行投资，也就是所谓的"资本市场开放"前夕，证券市场处于不断膨胀的阶段。

为了吸引优秀的人才投入这一行业，证券公司给的薪水也相对来说比较高。爸爸第一次拿的工资相当于在一个大型制造企业中工作了10年的人才可能拿到的工资。

问题是爸爸连证券公司是干什么的都不知道，就直接进入了公司工作。周围的人大都是从管理学专业毕业，而我却是学政治学的新职员，这在当时简直不可思议。我选择了证券投资这个职业，但它却是一个连我自己都不了解的领域。爸爸在证券公司期间，做过销售、企业金融、投资分析、总务、销售策划等工作，换过很多部门。同事看到我平均一年换一个部门，笑话我是"没有能力的人"或者是能力卓绝的"首席执行官"。其实，对于证券公司的工作，那些金融专业的人如果肯刻苦钻研，还是很容易成功的。

爸爸在自身没有准备的状况下起步，即使非常勤奋、非常踏实地工作，还是成不了该领域的专家。通常，在一个领域至少要工作10年才可能成为这个领域的权威或专家，而爸爸在证券这一行做了很多种工作，到现在都无法确定自己的特长是什么。爸爸对于在公司中得到承认，在同龄人中是进入大企业的第一人这一点还是很骄傲的。然而再看看爸爸的个人发展，却是一无所获。在证券公司工作，必须要有一定的特长。根据爸爸的经验，在证券公司业绩做得比较好的人一般都是玩扑克和花间牌的高手。也就是说能够进行冷静判断和理性思考的人才比较适合在证券公司工作。

爸爸在上大学的时候完全不会玩扑克，也对此从来不感兴趣。与那些超级冷静的人相比，爸爸性格中感性的一面更加突出。但是爸爸整天要接触那些需要冷静判断的工作，因此可以说爸爸做的事情和自己的性格并不相符。

爸爸有点啰唆了。但是坚持讲爸爸的失败史，是为了告诉你：职业可以改变人生，选择职业时不能过于轻率。选择左右自己一生的职业，可不像买一件家用电器那么简单，要认真地思考。

认真思考自己要做什么

我希望你们认真考虑，自己真正想做的事情是什么。当你说要成为世界级商人的时候，爸爸积极地支持你。爸爸曾热心地给你购买各种与经营有关的书，就是希望你能认真地考虑经商是不是你真正想做的事。如果成为商人只是因为这是最快的致富方法，那么你就大错特错了，因为致富和你要从事什么样的职业是完全不同的两件事。致富我们可以通过理财学来实现。

选择自己的职业不是那么简单的。根据劳动法，人们应该早上9点上班，晚上6点下班。实际上人们早上7点就要去上班，晚上7点才下班。这就是目前上班族的艰难处境。也就是说平均每天有一半甚至一半以上的时间我们都在工作中度过，所以你知道选择职业是多么重要了吧？你要认真思考自己到底想从事什么样的职业，经过深思熟虑后，再作出决定。

选择一个理想的职业，首先要考虑工作是否符合自己的习惯和个性。如果你选择的职业和你的个性不符，将来会出现大问题。比如说一个习惯于晚上工作的人，要他成为一个工薪族或者是公务员，每天一大早就要进入工作状态，那他会很难适应这份工作。但只要工作符合自己的性格和习惯，有时即使只工作 1 小时，也会卓有成效。

谈到性格和习惯，我想以韩国著名的魔术师李银杰为例来说明。他是一个非常有耐性的人，他在寻找自己最感兴趣的职业的过程中，发现了别人并不看好的魔术，现在他已经成为家喻户晓的明星了。找到了自己喜欢的职业，在自己单独练习的时候也是非常愉快的。他的潜心努力终于有了结果。2001 年在日本召开的国际魔术研讨会中，他取得了第一名的好成绩。在他的博客里，他说自己顽皮，性格开朗，他的梦想是亲自创造一个大的魔术舞台。爸爸小的时候也喜欢魔术。像大卫·科波菲尔这样的世界级魔术师表演的魔术，令所有的孩子震撼和折服。但是同一个魔术看了一遍又一遍，就失去了新鲜感，再加上后来我们得知，魔术多少是利用一些科学手段，行使障眼法来达到目的的，魔术的神秘感就消失了，人们对魔术的兴趣也大大降低了。

但是李银杰却通过自身的努力，开发出新魔术，并且将魔术娱乐化，之前人们只是观看魔术，而李银杰的出现却带动整个演艺界人士学习魔术，创造了"直接体验魔术文化"的神话。这是其他魔术师所不及的。他是怎样化腐朽为神奇的呢？魔术是他真心喜欢的职业，他决心尝试别人没做过的事情，经过努力最后取得了现在的成就。

因此，你们这一代人不要在一件事情上钻牛角尖，多做尝试是非常重要的。在今后两三年里，你会接触一个全新的世界，它或许会让你困惑，或许会让你彷徨。那时如果你的愿望仍然是成为世界级的商人，你就遵照自己的选择，朝着目标努力奋斗。我想，既然是你真心喜欢的东西，经过努力一定会有好的结果。你现在正处于描绘自己人生蓝图的阶段，因此要努力地了解"自己"。

选择与自己价值观相符的职业

选择的职业一定要与自己的价值观相符，这是非常重要的。当然，现在你还没有形成系统的价值观，性格也没有固定。你的价值观是什么？重要的标准是什么？自己应该怎样生活？你在青少年时期思考过这些问题之后，会获得"只属于你自己的东西"。**我相信在选择职业的时候，你一定会找到与自己价值观相符的职业。**

每个职业都有其特点，有时会给人好处，有时也会给人带来不良影响。比如说讨债工作。正义感强的人一定觉得"欠债还钱天经地义"，这样每天都理直气壮地工作。如果是心肠软弱的人，他在讨钱的过程中会感受到巨大的心理压力，职场生活也会变得异常艰难。

对于不愿受人管制的人来说，如果能在外企那样宽松的环境下工作，自己负责自己该做的事，只要有成果就能得到承认当然是最好，这种环境使个人能力得到充分的发挥；如果是不喜欢过组织生活的人，要让他在级别秩序严格的军队或者是国内的大企业中工作，对他来说应该会很艰难。对那些一心"想赚大钱"的人来说，如果当上了检察官或者是审判官，会发生什么样的事情呢？我们不能排除他贪污受贿的可能。

第5章 准备：职业的选择

从事检察官、审判官、记者，还有警察等职业，都应该秉公办事，为社会服务，为国家发展作贡献。如果我们为了个人的飞黄腾达，或者是被眼前的财富冲昏了头脑，最终将成为危害社会的角色。而那些希望在职场中获得使命感和生活意义的人，可以选择的路也很多。

爸爸的一个大学女同学，现在在青瓦台从事与市民活动有关的工作。我记得她在大学时，就在基督教社交活动中表现得十分活跃。大学毕业几年后，我在一次登山时偶然碰到了她，我们都十分高兴，天南地北地聊着。当我询问她从事什么职业时，她说在一个环境部门工作。

实际上，直到最近市民团体活动才得到广泛重视。以前这一职业薪水过低，工作环境也非常恶劣，没有引起人们太多的关注。听她讲到她的职业，爸爸脑海里的想法是："你选择了适合自己的职业，并且活得非常有意义。"

一天，我在一本杂志上看到了有关大学时期另一位好朋友的报道。他是学护理专业的，现在在救济院工作，并长期从事募捐工作。我想起上大学的时候这位朋友就对我说过，帮助别人是自己的职责。

爸爸还认识一位因为宗教信仰问题更换了职业的前辈。大学时期，这位前辈和爸爸在同一个教会的学生会工作。毕业后，他进入当时最好的企业D集团，成为公司最器重的人才。不久就被提拔为代理，是同一批人中升职最快的。然而有一天听说这位前辈突然辞去了那家公司的工作，到神学大学教书。现在这位前辈已经成了神父，从事着与教会有关的活动。

双溪洞有一位 80 多岁的老院长金京熙，他是一位著名的内科医生，别人尊称他为"双溪洞超级医生"。他为那些处境艰难的人提供医疗服务，就此度过了自己的一生。这是我在一次采访中看到的内容，记者问他："为什么治疗费只收取 1 000 韩元（约为人民币 5 元。——译者注）？"他说，新林洞、清溪洞、踏十里、上溪洞等都是他开展医疗服务的地方，这些地方在开发以前，是都市贫民、独居老人聚集的地方。但如果提供免费诊疗，又会让接受治疗的贫苦人觉得难为情。因此他最后决定收取不造成经济负担的 1 000 韩元作为诊疗费。不久前我在新闻中看到，这家医院由于找不到继承者，只得关门。没有年轻人愿意继承这样一家医院，金京熙院长又上了年纪，不能再继续为人看病，因此医院只好关门。

　　用同一种社会标准来评价上面提到的这些人，也许不能说他们有很大的社会价值，但他们都做着自己真心喜欢的事情，并且生活得非常幸福。

　　当你拥有很多钱的时候，你拥有的不一定是自己最希望得到的东西。因此，我希望你和你的朋友可以树立正确的价值观，找到与之相适应的职业，并从中感受到幸福。

要安逸还是向前冲

　　最近"青年失业"变得越来越普遍，各大企业或是金融机构的用人比例动不动就是几百比一。打开报纸，求职信息里托业考试（TOEIC - Test of English for International Communication，国际交流英语测评。——译者注）满分的人、工商管理硕士、注册会计师或是律师等的应聘资料铺天盖地，电视也经常播放一些求职信息。

公务员考试是什么状况呢？虽然公务员的薪水并不高，但公务员考试会让高考都自叹不如，因为它的录用率通常是几百比一。为什么这么多人想当公务员？理由只有一个——在经济困难、基本温饱问题都难以满足的时候，当上公务员，生活至少能保持在中等水平，而且不用担心会被炒鱿鱼，可以一直干到退休。但公务员竞争激烈，已经成为一种普遍的社会现象。

> 世界可以给予你的，除了金钱，还有很多更珍贵、更美好的东西。

这种社会氛围实际上存在着极大的危险，可能会让刚刚踏入社会的年轻人变得非常消极。爸爸认为，青年就业难是导致社会活跃性大大降低的主要原因。只有那些拥有"为人民服务"思想的人才应该当公务员。如果当公务员只是为了不用担心被炒鱿鱼，那么公务员越多，我们国家的竞争力就越低。当然，社会上也有很多人希望通过当国家公务员，为社会发展作贡献。但由于公务员的工作环境相对安定，如果不思进取，随波逐流，你很可能会变成一个贪图安逸和明哲保身的人。

在一项以学生为对象的问卷调查中，当问到"今后你想成为什么样的人"时，结果想当老师的人占了绝大多数。站在学生的立场，老师就如同再生父母，是对自己价值观影响最大的人。看到这么多人想当老师，足以证明那些受人尊敬和爱戴的老师对学生的影响有多大。从教师聘用考试的情况来看，具备教育者使命感和伦理意识的人少得可怜。为什么呢？因为大多数人单纯地将教师看做是一种职业。当老师有很好的福利待遇，每年还可以利用寒暑假的时间来育儿或者做其他自己想做的事情。因为这些便利条件，很多人选择了老师这个职业，而且这部分人越来越多。

爸爸认为，当你们选择职业的时候，一定要将"价值观"作为最重要的选择标准。我还要补充一点，虽然选择稳定的工作很重要，但选择有进取性的工作更重要。 无论你们最终选择什么职业，我都希望你们能在企业中工作一段时间。因为在韩国的社会中，企业中的进取氛围是最浓厚的。

爸爸认为，各个企业为了在竞争中生存下去，必须时刻保持忧患意识，时刻鞭策自己努力进取。企业在这种自由竞争的环境中，通过创新和努力进取，一定会挖掘出新的潜力。因此，只有在企业的环境中锻炼过，才会大大提高你的国际竞争意识。

全能型人才及其特点

2002年韩日共同举办世界杯后，出现了一个新词——"全能型人才"。韩国国家足球队教练——荷兰人古斯·希丁克主张"一个选手根据场上情况的不同，既可以成为核心前锋，也可以成为中场队员"，即所谓的"全能型人才论"。他用"荷兰式足球"的理念让韩国国家足球队创造出进入世界杯四强的神话。以荷兰为代表的欧洲足球，提出前锋队员可以参与防守，防守队员也可以参与进攻，即所谓的"全能型足球理念"，而希丁克制定的足球战略正符合这一理论。

事实上，希丁克的战略取得了非凡成果，它将一直默默无闻的朴智星和李荣杓（朴智星和李荣杓是韩国著名的国脚，韩国国家足球队的主力队员。——译者注）等球员培养成世界级的足球运动员。

"全能型理念"和全球化的世界潮流也非常吻合。大家都知道以美国为中心签署的FTA，也就是自由贸易协定，表示美国要在全世界实现无障碍自由贸易活动。二次世界大战，全世界在WTO的体制下，所有成员国保留原有关税制度和进出口限制规定，对本国产业实施保护政策。实际上要保护在国际上没有任何竞争力的韩国农业，也只有在世贸组织的框架内才可能实现。

欧盟建立后，美国退出了世贸组织，自由贸易成为国际竞争战略之一。全世界很多国家原来都只遵循一个贸易规则，而现在仅开发区就可以和不同国家签署自由贸易协定。2003年韩国首次和智利签署自由贸易协定也是因为这个原因。总体来说，目前全世界已经进入了自由竞争的状态。

各个机构对工作人员能力的要求也不同于往日，现在要求工作人员具备多元化的能力。像过去那样只拥有一项特长是不行的。打个比方，在过去只要学好英语，温饱就不成问题。但最近社会对人才的要求是，不仅要会英语，还要精通第二外语，最好还具备经营方面的能力，有时甚至还要求人们对具有国际竞争力的企业的文化状况以及竞争史有一定的了解。这就是说，"全能型人才"大受欢迎。

过去只要在各自的领域无障碍地开展工作，生活就有保障；

而现在只有"全能型人才"才能在竞争中取胜，才不至于在竞争中被淘汰。你一定要记住：要成为"全能型人才"，除了自我开发和付出辛勤的努力外别无他法。因此，当你有了特定的目标，即使牺牲一些东西，也要努力实现目标。如果你没有这样的决心，目标是不可能实现的。

还有一点似乎和"全能型人才"的概念有冲突，那就是拥有自己的一技之长。这一点也是很重要的。其实，**是否拥有一技之长是区分多面手和全能型人才的重要标准**。如果没有一技之长，即使拥有丰富的知识和能力，也不能算是全能型人才，也不会获得真正的成功。很多人都在同一个领域展开竞争，而能够在竞争中取胜的人却是少数。也就是说，只有在这一领域中能力最突出的人才能取胜。

我们看看三星企业的手机发展史就知道了。过去，三星手机市场占有率低下，被认为是无法与美国摩托罗拉和芬兰诺基亚相提并论的中低级产品。但是，三星企业在半导体产业中异军突起，逐渐发展成为世界一流企业，手机中的半导体芯片也是由他们自己来生产。为了满足顾客多样化的要求，三星掀起了改革的风潮，联手一些具有优秀才能的设计者，将三星"Anycall"打造成全世界最优秀的手机品牌。实际上，存储半导体技术是三星的主要特长。在这一特长的基础上，三星打造出一流水平的手机。

不仅是企业，人也需要一技之长。假设一个游戏企业公开招募首席执行官，了解游戏行业的人自然成为优先候选人。综合能力较强的人去参加公开招聘，如果能够了解企业的发展动向以及市场变动规律，也会在首轮选拔中脱颖而出。第二轮选拔过程中，具有领导能力、经营能力、开拓海外市场以及对政府协调事务能力等综合素质较强的人成为优选对象。如果你不了解游戏领域和游戏产业，即使你拥有丰富的经验和突出的能力，也很难被这家公司选中。

那么只精通游戏的人才能被提拔为公司的首席执行官吗？当然不会。这样的人只可能成为游戏开发者。**因此，如果你不能同时拥有一个领域的专业知识以及应付各种危机状况的综合能力，无论你多么优秀，也不可能在竞争中取胜。**

面向未来选择职业

在选择职业上，一定要"面向未来"。如果你只根据目前的状况判断事物或者只盯着眼前的利益，往往会选错职业，这对人生造成的影响是无法估量的。

金融危机爆发时，很多企业永远退出了历史舞台，还有一些企业被收购兼并，这对企业来说是一次痛苦的经历。曾经在这些企业工作的人只好忍受失业的痛苦。

实际上，以未来为导向选择职业是很难的一件事。根据世界知名咨询公司——美国麦肯锡咨询公司的分析结果来看，20世纪30年代，企业的平均寿命是90年；20多年以后，企业寿命降到了45年；1975年又降到了30年。无论今后你们选择哪一家公司，它都非常有可能在15年之内倒闭。因此，**仔细研究产业的提升空间以及企业应对危机的能力，再去选择职业，是非常重要的。**

我们来看下面两个例子。"伊兰德"是一家专业的服装品牌。1980年，这家公司的创建者——朴胜洙社长在梨花女子大学门口开办了一家很小的免税服装店。他在国内首次推出了"最低价品牌服装"的概念。结果只用了20多年的时间，小服装店就发展成销售额突破1兆韩元的国内首屈一指的服装企业。1987年爸爸刚刚踏入社会的时候，这家公司只是一家不起眼的小企业。但爸爸的一个前辈在其他人都进入大企业工作的时候，却放弃了更好的选择，加入到这家中小企业开始创业。爸爸听了这位前辈的故事后，认为他是一位具有长远眼光的人。

1998年金融危机爆发时，伊兰德也一度经历了结构调整的考验，但它从知识经营和多品牌战略的角度出发，成功转型，现在已经发展成拥有30多种品牌的大型企业。当这位前辈的同辈人进入大企业核心管理层的时候，他也被提拔为伊兰德的经营管理者。他见证了伊兰德的成长，充分享受了和企业共同成长的快乐。

三星电子和海力士半导体公司曾是半导体产业中的有力竞争对手，我们来比较一下这两家公司的发展状况。三星电子涉足半导体产业时，已经算起步较晚了。当时很多人都对以三星为代表的韩国电子企业是否能在半导体领域取得成功持怀疑态度。1974年，三星电子正式涉足半导体领域。而三星真正利用独有技术生产半导体是在20世纪80年代后期。那时人们开始追求家电的复合性能，全世界刮起了半导体流行风。现在的三星电子已经拥有生产全世界最先进的半导体技术和生产设备。

海力士半导体公司（过去的现代电子），在1983年才踏入半导体行业。为了使产品具有国际竞争力，海力士公司与 LG 半导体合并，之后在全世界 IT 泡沫中面临着经营危机，后来它又从现代集团中独立出来，靠接受金融界的援助勉强支撑下来。这也是一段惨痛的历史。

进入这两个公司的人在能力上并没有太大的差距，但是拥有全球竞争力的世界一流企业三星电子的员工，目前仍享受着国内企业最好的待遇。而相反，选择了海力士半导体公司的人，尽管拥有出色的能力，但在结构调整的过程中，却惨遭公司解雇。如果选择的时候，认真比较哪一家公司更有发展潜力，得出结论后再作出选择，那么现在这两家公司员工的人生就会发生根本性的变化。给你举这个例子是要告诉你，应该慎重选择职业。

我要强调的是：你应该选择具有发展空间的企业。下面我们来看看国内最大的移动通信公司——SK 电信的故事。爸爸在证券分公司上班时，公司大厦的 1 层有一个韩国移动通信事务所，这个公司在成立初期，职员都是从韩国通信（现在的 KT 公司，即韩国电信公司）中抽取的，韩国通信在当时还属于政府机构。1984 年韩国成立了移动通信公司，他们提供车辆移动通信服务，后来他们又提供了安装"车载电话"的服务，这让韩国移动通信公司一下子打开了市场。

当时韩国通信仍属于政府机构，政府持有 100% 股份。后来政府出资成立韩国移动通信公司，因此公司职员自然要从原来的韩国通信公司中抽取。然而这一工作却出现了困难，因为当时韩国通信公司属于政府机构，职工就是公务员，因此没有

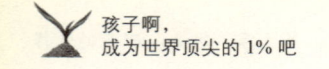

人愿意放弃安逸的工作环境，转移到新成立的移动通信公司。在万般无奈之下，公司单方面指定了调往移动通信公司的员工，拿现在的话来说，这些员工相当于被迫"光荣退休"。

让人意想不到的是，韩国移动通信从成立初期就取得了傲人的发展成绩，仅仅用了6年时间就成功上市。在该公司工作的职员低价购买公司的股票，赚取了大笔差额利润。然而更惊人的事情还在后面。

1994年，韩国移动通信公司被SK电信收购，SK电信后来发展成一流企业。现在几乎一半以上的韩国国民都是SK电信的用户，SK电信还占据了一半以上的无线通信市场。

当时大部分人都没有想到移动通信公司会有如此大的发展空间。花10年的时间等待公司的发展，或许有点漫长，但对于当初选择来移动通信公司的人来说是值得的。

用长远的眼光设计人生

当你选定了职业，踏入了社会，千万不要急于取得成果。操之过急有可能毁了你的将来。还是说说爸爸的经历。你们的爷爷在30岁时就去世了，爸爸当时想到的是"可能我也活不了多久"，所以那时的我一直对自己能不能活到40岁持怀疑态度。

一想到这里，"一定要快点成功"的想法就支配了爸爸的大脑。由于这种想法，我自然没有对自己40岁以后的人生认真计划过。所以到了现在，爸爸还经常后悔对自己人生的计划过于短暂。有很多人和我的想法类似。听说华尔街有一个著名的基金经理扬言要花10年的时间工作，为剩余的人生赚够吃喝玩乐的钱，于是我也决定这样做。**如果用战争做比喻，制订人生计划应该相当于战术，而不是战略。**

爸爸在刚进入证券公司时，"计划入社 4 年后升为代理，那么我需要在营销方面做得很好，同时还要买卖股票赚大钱"，这就是我当时的主要想法。有了这种想法，我就必须去考虑证券公司里最有提升空间的职业是什么，是基金经理、分析师，还是企业金融咨询师。而实际上，当时"只要把分内的事情做好就行了"这种漠然的思想浪费了自己十分宝贵的时间。

爸爸在军队服役的时间比其他人都短，因此我在 24 岁就正式踏入了社会。当时我的目标是"要在 10 年内成为富人"。工作 1 年后，我购买的股票价格上涨了很多，只要我抛售股票，马上就能赚取巨额钱财。我想"再多攒一些以后，就可以独立了，也可以自己做生意了"。当时我的梦想就是"赚 10 亿左右"。然而工作中当一些机会来临时，我却没有抓住，遭遇了失败的惨痛教训。

1994 年，爸爸在分公司成了销售专家，业绩十分突出，自己也满足于一个销售业绩优秀的平凡职员的生活。但是总公司需要一位企业金融期货经纪人（IB，能够为企业提出建议，采用多种方法为企业带来利润的工作的人），而且总公司有让我担此重任的意愿。实际上，这项工作也是我之前梦寐以求的，我认为通过这项工作可以学到很多东西。但是爸爸最后还是一口回绝了。理由只有一个。因为我想，我在分公司的几年时间里，拥有了一大批稳定的客户群，如果离开，失去这些顾客是很可惜的。

但是人永远无法预测未来。金泳三任总统后，实行了金融实名制，导致营销领域开始走下坡路，而金融领域对人才的需求量却在不断增加。最后金大中总统上台后，制定了打造IT大国政策，才使营销领域得以继续发展。当时社会上非常需要金融期货专家，而爸爸却错失良机，直到现在我还悔恨不已。**如果当时爸爸决心成为证券公司的专家，就应该在这一领域不断积累经验，并为了这个目标甘愿作出牺牲，积极准备。**当时在金融期货领域工作的人现在都拿着高额薪水，享受着专家级的待遇。

爸爸给你讲一个女职员的成功例子。爸爸担任分公司代理时，有一个刚从商业高中毕业的普通女职员，她对股票买卖非常感兴趣，并自学股票投资分析和经济分析。她不愿意在别人面前表现，从未对别人说起过，后来听说她还到广播通信大学学习经营学。在国家通过《男女雇用平等法》之后，女职员拥有了和男同事同等的晋升机会，这位女职员最后被调到营销部门工作，担任股票经纪人（对顾客买卖股票提出建议并进行管理的人）。一段时间过后，爸爸被调到总公司负责监督营销工作业绩，发现这个女同事已经成了公司业绩最优秀的职员。后来我们才知道，这位女同事从广播通信大学毕业后，又到名牌大学的夜校进修，并获得了硕士学位。

爸爸当记者以后，偶然和这位朋友通过一次电话，这时她已经晋升为科长。她一人包揽了所有表彰营销业绩的奖项，俨然成了拿着高薪的专家。不久前，我还碰到了原来公司的社长，在谈起这位女职员时，社长说："我早晚要将她提拔为分公司第一位女经理。"听后我觉得十分高兴。在爸爸没有制订人生计划，随波逐流的时候，这位年轻的后辈却在计划着未来，寻找自己力所能及的事，并有条不紊地朝着自己的目标一步一步地前进。

因此，每次爸爸遇到刚刚踏入社会的后辈，都会给他们讲这个故事。**为了实现远大的理想，应该要对自己的人生做好长远规划，并且为了获得成长，要舍得对自己投资。**

爸爸有一个后辈朋友，去年刚晋升为国内首屈一指的S证券公司科长。有一次他来找爸爸，说有事要爸爸帮忙。他说，与其像现在这样做一天和尚撞一天钟，还不如重新设计人生，所以他准备去留学。要得到理想大学的入学通知，首先需要提交介绍他职业生活的推荐书，因此他请求我把采访他的现场感受写下来。我欣然接受了这一请求。事实上，结束稳定的职场生活，放弃高额年薪，花一大笔钱去留学，做出这样的决定是很不容易的。尤其是这位朋友已经结婚了，是一个已经组建了家庭的人。如果爸爸的这位朋友考虑太多现实中的问题，可能也很难下这样的决心。虽然已经步入中年，但能够下决心成为证券专家，并作出给自己投资的决定，这让我对他充满了敬佩之情。两年之后，这位朋友将学成归来。爸爸相信，那时他一定会成为真正的专家，成为引领韩国证券市场发展的核心力量。

即使没有处在艰难的环境之下，在这个飞速发展的时代，给自己投资也是非常应该的。过去只要是从名牌大学毕业，找一个好单位，一生就有了保障。但现在无论你是从哪个大学毕业，具备什么样的能力，你是否能迅速适应变化的新形势才是最重要的。有些人即使继承了巨额财产，仍然选择去国外留学，这

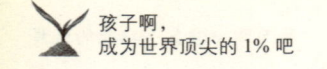

也是对自己的一种投资。留学归来的人都能获得成功，这种情况也不是绝对的。从海外留学归来的人中，失败的人比成功的人更多。只要自己下定了决心，朝着自己的目标奋进，就一定会成功。即使没有钱，你也拥有很多获得奖学金或援助资金的机会。现在我们的收入在不断增加，奖学金制度也在逐渐规范。各种财团和社会团体为了帮助那些有能力的人，积极增设奖学金，还有很多人慷慨解囊设立私人奖学金。

即使没有奖学金制度，还有其他方法可以获得学习机会。去年一个银行的行长宣布，今后将在新职员中挑选出 10% 的优秀人才，免费为他们提供到海外进修工商管理硕士的机会。现在大多数企业都采用了这种做法。

当今时代，只要拥有决心和能力，即使没有钱，也能够进行自我开发。 特别是现在，还可以在自己专业的基础上接受再教育，这为你成为领域专家创造了优越的条件。机会的大门是向所有人敞开的。如果自己不下决心，意志薄弱，就不会找到通往成功的道路。

继承家业也是一种选择

在选择职业时，我认为如果不违背自己的意愿，在符合自己个性的前提下，继承家业也是一种好的选择。比如，爸爸是当记者的，那么你对记者这个行业的了解就会比别人多。我的很多朋友都选择了继承父业。

你亲眼目睹了父母的工作，这使你不仅对这种工作的特性了解得非常清楚，而且还熟知这种工作的优缺点。

在日本，很多企业都是经过家族的三至四代人继承并经营下去的。从制陶企业到饮食店，很多店铺甚至有几百年的经营历史。这些家族产业为日本提高国家竞争力奠定了坚实的基础。继承家业，不仅可以把先祖积累的技术和经验延续下去，还有可能将其发展壮大。继承家业越来越普遍，这种社会氛围也让人觉得很温馨。

在韩国也是如此。爸爸常去的那家泥鳅汤老店，尽管搬了好几个地方，但仍然是有着几十年历史的店铺。这家老店的口碑一直都很好，收入也很稳定，比一般的中小企业收入还要多。店主的大儿子用经营店铺赚来的钱，到海外留学并获得了博士学位，当上了大学教授。当经营店铺的父亲年纪大了，不能继续经营的时候，大儿子就辞去教授职务，回家继续开店。在韩国，放弃大学教授这样受人尊敬的职业去当一家饮食店的老板实在不易啊。他继承了店铺，使传统饮食文化得到传承和发扬，这也是多么让人敬佩的事啊！爸爸希望继承家业的人越多越好，像日本那样的百年老店越多越好。如果你的朋友也有愿意继承家业的，爸爸会十分高兴。

爸爸的建议

选择职业时的心态

1. 选择符合自己性格的职业

在选择职业的时候，要先看它是否符合你自己的个性和潜质。不要只在一个领域钻牛角尖，要多做尝试，开发潜能是很重要的。

2. 正确价值观的重要性

世界可以给予你的，除了金钱，还有很多更珍贵、更美好的东西。只有当你树立起正确的价值观，并选择与此相适应的职业，才能从中获得幸福。

3. 全能型人才及其特点

拥有一技之长，并拥有应付各种危机的能力，乃至拥有领导能力、经营能力、海外市场开发能力等全方位的才能，才能在全球竞争中取胜。

4. 面向未来的眼光

拥有判断产业成长空间以及企业发展潜力的眼光才能实现远大的理想。放弃眼前的舒适生活，对自己投资。

5. 继承家业

由于你亲眼目睹了父母的工作，所以你熟知这种工作的特性和优缺点。如果不违背自己的意愿，也还符合自己的个性，实际上继承家业也是一种好的选择。

> 为了正确理财，你需要了解的事情是……

第 **6** 章

经济：学会如何理财

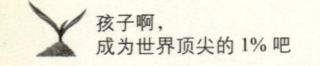

树立正确的经济意识

当你有了自己的职业，或者开始创业，你就有了收入，同时也就有了剩余资金。从这时起，理财就成了你生活中一个非常重要的问题。我认为，从现在开始你有必要为管理你的收入做准备。最近社会上掀起了儿童经济教育热潮，儿童经济观念教育已经成为社会教育中的一个重要课题。

实际上，社会上很多人认为投机比投资更容易赚钱。20世纪70年代，出现了"福夫人"——参与不动产投机的家庭主妇，投机不动产风气极盛。尽管当时有很多人投资失败，但人们普遍认为，股票是一种投机而不是投资。期货投资是一种先进的金融手段，韩国在全世界的期货交易量是最大的，这体现了韩国浓厚的投机氛围。

如果人们不能正确区分投资与投机，一定会导致国家竞争力的下降。**因此，爸爸希望你们从小就开始树立正确的经济意识。**如果投机不动产的现象得不到控制，不仅市民买房成难题，还会衍生出一系列的社会问题。不动产投机过热，将会给国家经济带来猛烈的冲击和沉重的负担：土地价格过高，企业建设工厂相应地需要投入大量资金，成本的提高导致我们国家商品的国际竞争力下降，这些都是不可避免的问题。不仅如此，由于商品房的过度建造，国家必须不断增加相应的道路交通、港口等基础设施投资，这些最后只能由广大市民承担，即通过增加税收来承担这笔费用。因此我们国家必须遏制不动产投机。

  股票投资也一样。通过证券市场，企业获得了稳定的资金来源，在国际上具有了一定的竞争力。国民也要通过将剩余资金长期投放在企业，分担企业的发展风险。但到目前为止，国民仍然把股票投资看成是一种个人投机行为。实际上，证券市场能够巧妙化解像外汇危机这样的国家危机。企业通过把闲散资金聚集在一起，在较短的时间内就可以重新发展成具有竞争力的企业。

  在国外，一些投资财团专门管理国民的剩余资产，利用这些闲散资金进行有组织的、长期的股票投资，并为投资者提供稳定的分红。大部分发达国家都采用这种投资战略，但韩国现在还做不到这一点。韩国刚刚摆脱了外汇危机，利息和利率都降低了。个人理财条件成熟后，理性投资和非理性投资的人将会有很大的差别。

  为了建立正确的理财观，我希望你能加倍努力学习各种经济常识。下面来探讨一下你该怎样管理自己的钱财。

经济发展趋势和风险管理

  理财的第一项是对资金安全进行管理，也就是最近在财务管理中非常流行的"风险管理"(Risk Management)——为防止在各种突发情况下投资失败导致损失而做的预防工作。

亚洲金融危机让韩国人第一次深刻体会到国家危机给个人财产管理带来的影响。那时股票价格暴跌至原价的1/3、1/4，还有一部分股票价格还不到原来股价的1/10。股票是个人或金融机构通过购买上市公司发行的股票，成为公司主人的一种最直接的投资方法。比如你投资了100万，不过短短几个月股票市值就跌至10万，这时就可以说，你的投资遭遇了风险。经济危机爆发时，股票价格普遍大幅度下跌，就算是靠购买公司发行的债券而收取一定的利息，依然摆脱不了亏损的命运。债券价格急剧下跌，企业的信誉也急剧下降。企业濒临破产，随时都有可能倒闭。而此时债券的利息也一路飙升，债券的利息越高，它的价格下跌就越厉害，个人的经济损失也是无法估量的。

不动产也是如此。经济危机会导致一系列企业破产，大量企业员工失业，成了无业游民。陷入资金流动危机的工薪族和中小企业工作者为了紧急筹措资金，将不动产，特别是很容易兑换成现金的住房卖掉，导致住房价格暴跌。

这种极端的现象只有在经济处于极不安定的状况下才会出现，由此我们得到了教训，我们知道了经济危机会带给我们多么可怕的影响。**除了国家的经济危机，对经济状况预测的失误也可能导致理财失败，因此风险管理是理财的关键步骤。**

国民的生活水平，收入的增减直接反映了我们的经济状况。通过对今年国内制造的所有产品进行统计可以知道，和去年相比，产品在种类上增加了不少。然而从近期的物价走势可以看出，水果和蔬菜的价格上升速度很快。

　　经济发展有一个周期，发展和停滞状况是交替出现的，这就是经济发展规律。一般当经济进入发展期时，对所有的资产——股票、不动产等的投资风险会大大降低，投资收益会变高。相反，如果经济出现停滞或负增长时，投资风险将会非常高，容易遭受巨大的损失。一般来说，都是以 2～3 年为一个周期。经济发展和停滞的现象会交替出现，因此要选择投资时机的话，必须培养看清经济变化规律的眼光。

　　灵活运用近期经济类报纸中公布的韩国银行和统计厅的数字指标，就可以了解到经济动向。实际上当这些数字指标公布后，主要的经济类报纸都会对这些指标的含义进行详细的分析，只要你留心观察，你就可以轻松地把握经济发展的趋势。

高风险带来高收益

　　在理财中一定不能忘记一个原则——"高风险，高收益"(High Risk, High Return)。也就是说，你所承担的风险越大，你获得的收益也就越高。这句话也可以理解为：如果降低了目标的收益率，风险也就跟着降低。

　　假如有 100 万机动资金，我们可以买股票，买债券，也可以放到银行定期储蓄，当然这也会带来三种截然不同的结果。如果不考虑经济变动和其他经济因素的影响，我们把钱投入股票市场，一天最多能赚取 30% 的收益。为什么呢？韩国证券市场规定一天内价格变动幅度无论是上升还是下跌都必须在 15% 以内。如果股价跌至下限，我们买入股票，在股价达到上限时，

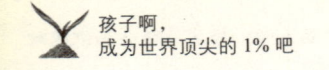

我们一天就获取了 30% 的收益。但是相反，如果我们在上限时买入，在下限时卖出，我们一天就会损失 30%。

如果我的 100 万用来购买债券，风险就大大降低了。在债券中最具代表性的就是国家发行的 3 年后归还本金的"三年期国库券"。如果买了这种国库券，每年将获得 4% 的收益。但是这个幅度相对于股票来说是很小的，因此风险也就很小，收益也就受到了限制。

说说定期存款和零存整取。我们把钱拿到银行存入定期存款或者是零存整取，期限有 1 年、3 年等。我们可以事先定好存钱的时间，银行给的利息也是事先定好的。最短的 1 年定期存款，利率大约为 3.5%，因为利率非常低，风险也就几乎为零。

因此，当你有了可用于投资的资金时，你要慎重考虑这些钱要怎样利用，你能承受多大的风险，再决定投资多少资金。只因为别人说好你就盲目关注，那是非常危险的。如果将自己辛苦挣来的工资用来投资，初期时你最好不要投资像股票这样风险较大的项目，选择投资利息较少但风险较低的银行债券是比较好的方法。

为成为富人做准备

现在社会上流行那些能够使人"快速致富"的书籍，爸爸觉得非常可笑。按照书上所说就可以轻松地成为富人那该多好啊。但对大多数人来说，一所住房和退休金就是全部的财产，何况还有很多人连这些条件都不具备。

"创造 10 亿财富"一时成为我们社会最大的话题，也激起了所有人的致富梦想。同样,1/8 000 000 取胜几率的"罗得"(韩国的一种对号码的扑克牌游戏。——译者注)热也是"迅速致富"风潮蔓延的表现。

我们来计算一下。韩国工薪族平均的年薪(以 2003 年为标准)大约是 3 300 万韩元。如果忽略利息,一天都不休息,要辛辛苦苦干 30 年才能积累 10 亿韩元。在全国人口 10% 的富人占有一半的国家金融资产的状况下,能够拿到平均薪水的人的比率又大大减少了。因此要创造 10 亿韩元财富,在现实生活中是多么困难的一件事啊!

在这种状况下,一般人都会采取风险管理和安全管理并行的方法,最大限度地规避风险从而获得高收益。让我们分阶段制定一个资产运用战略。创建用来理财的"原始资金"(Seed Money)是我们要走的第一步,在这个阶段,投资风险较高的产业是不太合理的。第二步,我们要根据原始资金的规模,分阶段制定投资战略。既然我们要理财,就不可能从一开始就筹集到几十亿韩元的资金。因此,理财专家建议我们在达到一定资金量之前,要通过节约去积累可用于理财的"原始资金",然后根据我们国家的实际情况,将积攒的资金分为用于购买住宅的钱和机动资金两部分。机动资金可用于投资股票或者购买"非课税金融商品"。总结起来就是,我们并非无计划地积累 10 亿韩元财富,而是先通过几年时间积累"原始资金",再用这些资金购买一套住房,然后将剩余资金的一部分投资于高收益、高风险的项目。爸爸的建议就是分阶段实现目标,进行"有规划的理财"。

在理财过程中非常重要的一点就是,当你在具有一定成长空间的工作岗位上投身于事业的时候,随着时间的流逝,你的薪水也会大幅增加,而你可利用的剩余资金也会随之大幅增加。月收入越多,你理财的空间也会越大,你的"成为富人的计划"成功的可能性就越高。**考虑到多种变数,将中长期的理财战略和积攒更多的"原始资金"结合起来,并对未来资金的利用进行合理规划,那么你成功的可能性就越大。**当你有了一定的目标,积累了一定资金后,要考虑利用这些钱干什么,忘记这一点是不行的。因为我们的社会已经逐渐过渡到低增长和低利率的发达国家经济体制,像过去那样不劳而获的情况越来越少了。对于大多数人来说,机会是来之不易的,但对于有准备的少数人来说,成为富人的方法有很多种。

学会理财

20世纪60年代的人已经成长为社会的中坚力量,当今社会已经进入高学历社会,这些人已经发展成为带动世界发展的中心力量。

在过去,银行职员把审查贷款申请,向所有人推销各种存款储蓄服务当做是自己的主要工作。然而现在各大银行的职员都变成了私人银行的专家,他们对税务、继承的相关法律、不动产的相关法律等非常精通,同时他们发挥的作用也发生了变化。现在的银行职员把主要精力放在介绍各种保险商品、间接投资型基金(筹集资金到一定的数额后,由专家运作投资的体制),以及推销各种金融商品上。

证券分析师也是一样。在过去，他们只要为顾客买卖股票提供一些简单的信息，在买卖过程中收取一定的手续费就可以了。而现在证券分析师需要对各种基金、"包裹账户"（一种可以分散顾客的股票资产模式并对顾客进行投资的产品提出建议）等复杂的商品进行解释，同时还要销售期货商品。具有代表性的金融机构——保险公司也摆脱了过去的储蓄型保险或教育保险，现在开始销售"变额保险"（用顾客缴纳的保险金，对股票、债券等多种金融资产进行投资，然后分享收益的保险）和"自由保险"（缴纳形式自由，随时可以存入或取出的，但仍保留商品特性的保险）等十分有特色的保险。金融机构的职员变成了真正意义上的相关领域的专家，顾客可以通过咨询他们来决定采用哪种理财方式。

于是，由顾客自己来判断经济发展潮流、金融市场环境并进行选择的时代已经到来。不愿亲自理财的顾客可以划定所承受的风险范围，由专家代为决定。这种间接式的投资方式也已经被广泛使用。如果你们决定亲自管理自己的财产，为了更好地运用各种先进的金融手段，你们应该具备基本的常识。不仅要了解大的经济发展趋势，还要拥有运用各种金融手段的能力。

经济环境决定投资方式

爸爸看到钱，就会觉得"钱像流水一样流走"。曾经有一个时期，人们固执地认为只有不动产才是最好的投资项目；过了一段时间，股票成了能够带来最高收益的投资项目；又过了一段时间，债券作为高收益的投资方式出现；某些时期，黄金等原材料也成了重要的投资项目，还有人利用各国货币汇率的变动，获得了巨大收益……高收益的投资方式会因为时期的不同，所能获得的收益也会发生改变。如果要用一般的市场原理对这种现象进行解释，那就是需求和供给的关系。

在过去的两年里，最高收益的投资方式是购买原油、黄金、钢铁、非金属等国际原材料。整个世界都成了买卖这些国际原材料的商品交易所，利用这些商品的指数还可以买卖多种金融商品。

要不然第一产业（韩国将农业、畜牧业、林业、渔业等直接作用于自然的产业统称为第一产业。——译者注）比重很高的澳大利亚以及非欧佩克成员的国家中，产油量占第一位的俄罗斯怎么会实现快速的经济增长呢？澳大利亚以出口羊毛、牛肉、铁矿石等商品为主。俄罗斯的北海和西伯利亚地区的油田产油量很大。过去的两年里，世界经济快速增长，国际石油需求量大大增加，再加上伊拉克战争导致伊拉克石油产量减少，国际油价暴涨，俄罗斯通过出口石油振兴了经济。

黄金也一样。一般说来，全世界的国际通用货币在第二次世界大战之后就被美元占据了。但2000年以后，IT业发展进入停滞期，美国的经济开始衰退，人们对美元的信任度也在降低，而由欧盟新发行的欧元反而受到了广泛欢迎。

各个国家为了开展进出口贸易，储备的国际货币大部分都是美元。当美元价格下跌，储备美元的国家的中央银行都遭受了损失，于是它们开始寻找新的代替货币。因此，作为全世界贸易的基础商品——黄金的价格开始上涨。1999～2000年，全世界掀起了IT热潮，以美国为首的全世界经济都在飞速增长。那时，美国的经济状况非常好，全世界的资金都聚集到美国，美国的证券市场也达到了几十年来最好的状况。

韩国对美国的出口比重较高，因此随着对美国出口的增加，韩国的经济状况也出现了好转，在这种情况下对股票进行投资自然是收益最高的投资方式。

2001年以后，韩国政府一直维持着低利率的政策，出口形势也出现了好转。国内的资金开始聚集，社会上也有了很多流动资金，而且这些资金都集中到不动产上。到2003年，房地产的价格开始大幅上涨。一个时期内，首尔市内公寓的价格涨到每平方米500万韩元（约为人民币25 000元。——译者注），后来每平方米甚至超过了1 000万韩元，最高时江南地区的公寓每平方米超过了4 000万韩元。政府为了稳定公寓价格，采取了一系列对策，但不动产的价格仍然在不断上涨。在2003年，收益最高的投资方式发生了变化，股票变得大受欢迎，股票市场呈现了前所未有的良好发展景象，社会上的资金又开始不断流入股票市场。**诸如上述情况，收益率最高的投资方式会随着经济环境的变化而改变，社会中的投资资金也会随着这种改变而转投向新的最高收益的投资方式。**这和"水往低处流"的道理是一样的。

如果对一种投资项目投资获得了比预期高得多的收益率，那么先期进行投资的人卖掉投资，会获得相当可观的收益。而当很多人随之对该投资方式投资并获得收益，投资的人越多，遵循供求关系的原理，获得的收益自然就越少。

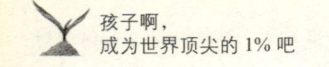

万能的"套利交易"

在今后的理财过程中一定会用到"套利交易"(Arbitrage)这个概念。听起来似乎很难理解，但只要领会了它的意思，就不难懂了。套利交易实质就是利润交易。这是证券市场中最常用到的一个概念：将当天股市上买卖的股票全部集中在一起，用一个指数（平均指数）来表示。我们常常在新闻中看到今天的KOSPI首尔股市综合指数以多少点收盘，这就是现货指数。

从这里派生出一个叫期货指数的概念。买卖期货指数说的是预测未来的股市综合指数，并在当天买卖这些未来的指数。期货指数反映的是未来股市综合指数的价值，因此从理论上来说，它们的价格应该是一致的。但是在现实中，是由买期货指数和卖期货指数的人之间的供需关系决定期货指数的高低，因此和理论上的期货指数还存在一定的差异。这个差额就是套利，也就是利润。

市场有个潜在规则，就是市场价格应努力维持在理论价格附近，因此当现货指数和期货指数理论价格的差距过大时，为了缩小差距就可以进行买卖。这个买卖就是完全没有风险的交易，也叫"无风险收益交易"。

国家间的交易也会出现这样的现象。进行交易的时候，如果一个国家当地商品的价格十分便宜，而该商品在我们国家的价格却很贵，商人从那些国家买下价格便宜的商品，然后拿到我们国家来卖，就可以赚到差价。当然这里面暂且不考虑进口关税和物流等费用。

能够代表国际油价的是美国产的西得克萨斯轻质原油、阿联酋中东产的含硫原油，还有英国等欧洲标准的布伦特石油（Brent Oil）。但在国际原油市场上交易的价格却会出现很大差别，因为最后的油价是根据各个地区的供求和原油消费市场的运输费用来决定的。

每天都要交易，受到地区特有的供求关系和这一地区的媒体等影响，油价也会出现波动。当出现非正常价格波动时，获得利润的买卖就成为可能。实际上布伦特石油常常会出现这样的利润交易。比如说，学校里需要购买运动服，那学校门口的文体用品店会由于地理位置上的优势，卖的价格比较高；而东大门的批发市场因为物流量比较大，卖的价格比较低。而从买运动服的学生的立场来说，要去东大门市场，还要考虑到往返的交通费，如果加上交通费还是东大门市场的运动服便宜的话，他们就一定会去东大门买运动服。这样，节省下来的钱就可以用来买零食吃，或者是到游戏室去玩游戏。

当然，随着国际间交易通信速度的加快，这样的套利交易已经大大减少了，但国际间交易数量的持续高速增长也使利润交易的机会增加。 如果你在日常生活中不断努力地寻找这样的机会，就一定能够找到减少风险并增加收益的方法。

理财的重心转向股票

对你们这一代来说，在理财过程中必须要了解到：如今理财的重心已经由不动产向股票以及相关的商品转移了。不动产不败的神话已经不存在了，这是不可否认的事实。随着金融市场的多元化,投资的机会在增加,加上各种政策的重新调整,政府也出台了一系列新的税收政策,不动产投资的形势已经大不如前了。现在人们认为只要长期保留不动产,"不卖就会变成钱"的想法已经根深蒂固。但是所有定税的标准都是按照卖价缴纳税金(转让所得税)。

最近,由于财富的集中和不动产价格暴涨,市民感觉他们正在被剥削,这也是社会问题。不动产税收制度将会逐步完善,也就是说,拥有越多的不动产,就要缴纳与之相对应的越多的财产税,而且这种政策在一段时间内还将持续下去。

相反,现在股票的投资条件比任何时候都更成熟。因为符合国际标准的"超优股"已经在证券市场上出现了。首先三星电子已经成长为全球一流企业,市价总值(所有股票价格的总金额)比日本索尼公司的市价总值还高。在全世界IT企业中,三星电子的股票每周取得的收益也是最多的。浦项制铁压倒了日本的新日本制铁公司,成为向全世界提供最优良品质钢铁产品的企业。现代汽车不仅成功进军美国和欧洲市场,还拥有了独立开发引擎的能力,一跃成为世界六大汽车生产企业之一。

韩国现代重工业和大宇造船等造船企业在2000年以后,已经从日本手中夺走了全世界"船腹量"(船舶生产能力)第一的交椅,预计相关企业的发展也会使韩国成长为全世界船只的第一大供应商。我现在说到的企业不仅在国内,在全世界也具有很强的竞争力,长期吸引着外国人的投资。

看看美国和日本,在全球化竞争日益激烈的情况下,跻身于世界行列的国内企业在很长一段时间里,股票价格都呈现上升的趋势。因此,对你们这一代人来说,要努力适应不断发展变化的经济环境,同时,采用长期的分批购买股票的理财战略,这样获得成功的概率就会比较大。

关注假想的世界

在理财上要关注一点,即今后没有实体的假想资产投资现象会急剧增加。**对假想世界进行投资,可以利用金融学计算风险,以提高投资的安全性**。之前提过的派生商品就属于假想投资资产。例如我们购买三星电子公司的一只股票,如果投资40多万韩元的话,就会得到与纸币等值的有价证券。但是这些股票的平均价格将用指数来表示,也就是首尔综合指数。它不是作为实物存在的,只是一个假想的指数。特别是优先选择权,就是一种对能够反映股票未来交易价格的期货进行购买或抛售的权力,这是只有在假想的世界中才存在的投资方法。今后的金融商品将吸取、复合多种假想投资方式的优点,这将成为假想世界理财方式所占比重不断增加的重要因素。

实际上,和期货、优先选择权有关的新商品,不仅大大降低了风险,将风险限定在一定的范围内,还可能使投资者取得更多的收益。也就是所谓的"低风险、高收益"的梦想可以通过理财变为现实。

投资对象的假想化将使不动产和低利率状况下的储蓄商品的替代品一一登场,今后的假想世界领域也会不断地发展下去。

现在主要的国际原材料交易的价格已经通过指数来表示,假想交易已经在国际贸易中登场。一般情况下假想交易也叫做

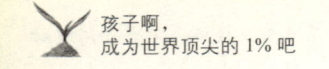

派生商品交易，派生商品的开发能力正随着电脑技术的发展而提高，并以更快的速度普及。预计全世界经济情报共享将促使派生商品交易在国际间更加快速地增加。

像过去那样无论是不动产还是股票，盲目选一项进行长期投资的时代已经一去不复返了，因此为了能更好地把握发展趋势，你应该培养分析金融投资方式的能力。

在生活中体验经济

我讲的东西是不是太专业，太难了？其实经济并不是什么高难度的东西。如果你在生活中慢慢熟悉经济，就会觉得经济是非常有意思的。

还记得爸爸说过当你成为了大学生，就和你讨论打工创业的问题吗？找一个不错的项目，爸爸给你启动资金，教你认真思考并制订一个商业计划书。爸爸的目的是要培养你敏锐的经济洞察力。听了这个建议后，爸爸感觉到了你的改变。你在明洞市场，问一个卖鱼干的小商贩："大叔一天能卖多少？"这表示你已经有销售的意识了。然后你又问："大叔卖一条鱼干赚多少钱？"这表示你对营业利益有了基本的概念。小商贩买一条鱼干花500元，而他卖2 000元，那他卖一条鱼干的利润就是300%。如果用这种方式进行锻炼，你就可以对所有的经济活动进行分析了。

当面食店里受欢迎的炒年糕卖光后，我们会到鱼丸串店或是别的卖辣炒年糕的地方去。在经济学中将辣炒年糕叫做"替代材料"，和炒年糕是互相有竞争关系的商品（在经济上叫财货),"替代材料"也可以叫做竞争材料。

假如你有一次花光零用钱了,向朋友借钱来结算网吧的上网游戏费。在这一过程中,放贷的概念就形成了。之后你向爸妈要了零用钱还给朋友,同时为了表示感谢还给他买了点心,那么这些点心就相当于利息了。

你拿了零用钱到烤肉店吃个痛快,点了五人分量的烤肉,你一定会感到你第一次吃的两人分量比吃五人分量的味道香得多。因为对你来说,两人分量是最适合你的饭量,那么这两人的分量就发挥了"边际效用"。"边际效用"是指你在消费商品的过程中得到的快乐(欲望满足程度)的最高点。实际上,从吃超过两人分量的烤肉开始,由于你已经吃饱了,你就会觉得味道不像刚开始吃时那么香。在经济学上,这就是所谓的"边际效用体验法则"。

在不经意间,我们已经感受了多种经济活动。经济和我们的现实生活有着非常密切的联系,把这些经济活动都集中起来进行参考,必定会对我们实际的理财有很大的帮助。

爸爸的建议

正确理财须知

1. 对财产风险管理的理解

即使国家没有爆发经济危机，由于我们在判断经济状况上的小失误而导致理财失败的可能性也是很高的，因此风险管理对理财来说是很必要的。

2. 要明确成为富人的理由

对大多数人来说，成为富人的机会来之不易，因此要明确目标，并为实现目标而不断努力。

3. 对于管理财产需要的基本能力

顾客自己可以对经济发展趋势、金融市场环境、国内外形势进行判断并作出选择。因此要自己理财，必须自行判断经济发展趋势并拥有基本的经济常识。

4. 套利交易

如果理解了套利交易的概念，不断努力在现实生活中寻找套利交易的机会，就能找到降低风险、增大收益的方法。

5. 变化的理财发展趋势

现在投资股票的条件比任何时候都更加成熟，因此今后对企业股票的投资是理财的主流。

6. 我们生活中的经济活动

在我们的日常生活中，实际已经涉及了各种各样的经济活动，如果把这些经济活动都集中起来进行参考，必定会对我们的实际理财有很大的帮助。

> 为了你将来的幸福,爸爸要嘱咐你几件事……

第7章

处世:做个受欢迎的人

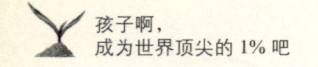

学会为人处世

处世就是同他人建立关系。由于人们的成长背景、性格、思考方式的不同，每个人都有自己的处世原则。无论是同学会还是公司内部的聚会，任何时候都有受欢迎的人，也有大家比较讨厌的人。因此，只有从小领会到处世是属于自己的一套行为准则，并留意培养，长大后才能成功施展处世本领。

爸爸在生活中体会最深的一点就是：大部分人在幼年或青少年时期形成的性格或气质是不会轻易改变的。很多人在基本适应了社会生活以后，就不再改变自己的处世方式。有时他们会因此遭受损失或遭到同事的排斥，甚至很多人由于没有处理好人际关系而离开组织。

我最想嘱咐你的是：要从小进行"正确处世训练"。为人处世就像是习惯一样，一旦固定了就不会轻易改变。这就像学习某项体育运动一样，小时候受过体育训练的人，即使在成长的过程中放弃了一段时间，长大后重新开始运动的话，还是会很容易找到从前的感觉，恢复动作。如果上了年纪再开始体育训练,不仅速度跟不上,也不容易形成标准姿势。想想高尔夫、滑雪、滑冰等运动项目就很容易理解这一点。

小时候,我们对待他人的方式固定了,进入社会后,就可以更好地处理人际关系。爸爸认为,你们应该从现在开始加强练习,使好的为人处世的方式和正确的思维方式得到加强和巩固。你只有从心底里想得到大家的欢迎,才会从行动中表现出来。如果把这种处世的方式单纯地理解为开展人际关系的技术,那大家一定会认为你是"伪君子",因此你要真心地对待周围的人。

向人文主义方向努力

人文主义(Humanism)是处世的根本。人文主义是"尊重人性的非常宽容的思想、精神态度和世界观"。人文主义起源于希腊和罗马文明。崇拜多神主义的古希腊文明认为人类和神(神人)是同级的,梦想着人神共存的世界。因此,在古希腊文明发源地的大量雕像以及绘画中出现的神的样子,几乎都是人的形象。希腊最高的神宙斯以及他的恋人赫拉女神的画像,都和人的形象相差无几。

古罗马著名的辩论家西塞罗首次提出了"人性"的概念,他是极力推广人文主义的代表之一。但到了中世纪,"神是唯一的"的思想占据了统治地位,进入了人神严格区分的神权政治(宗教领袖兼任政治领袖)社会,希腊的精神世界也进入了黑暗期。但自从马丁·路德·金的宗教改革理论出台后,"以《圣经》为核心的基督教"复苏,15至16世纪,出现了文艺复兴(Renaissance)运动,从那时起人们再次重视人性的世界。

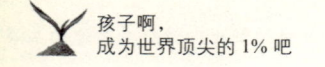

这种氛围在17世纪遇到了近代"唯理论"（这是近代西方哲学之父笛卡尔提出的理论。笛卡尔哲学体系的出发点是"我思"，他"用直观自明的原则"把"我思"与"存在"直接同一，得出"我思故我在"的结论。"我思"还是一种通过怀疑来剔除怀疑的抽象方法。——译者注），法国哲学家笛卡尔提出了"人间之上人间之下都不是人间"的理论。到了18世纪，掀起了启蒙主义思潮，科学和社会、政治、经济等互相结合，人们追求一种新的人性。18世纪后半叶，由比尔肯、歌德、席勒发起了新人文主义精神运动。这种思想对近代，乃至现代都产生了重要的影响。人文主义实质就是摆脱了自我中心主义和本国中心主义，提倡不断地超越自我，实现自己的价值，尊重和热爱人的本性的一种思想。

> 一个人事业的成功只有15%取决于他的专业技能，另外的85%要依靠人际关系和处世技巧。

之所以要详细向你说明人文主义，是希望你能成为一个"人文主义者"。在各国以本国利益为中心展开激烈斗争的时代，成为人文主义者可以让你理解到什么是真正的人性。东南亚遭受了海啸袭击，几十万人死亡，一些人高呼"神真的死了吗"。有很多医疗服务人员都在那里不辞辛劳地工作，他们为了一个生命，在这片土地上展开了感人肺腑的援助服务，有的人甚至献出了年轻的生命。

不管是何种理由，人们都应该追求没有战争、和平共处的世界。认为自己、自己的家人、自己的国家是最重要的，这种

利己思想不可能让世界变得美好。

要学习从古代就开始存在的"爱人之心",树立正确的人生观,度过一个有意义的人生。爸爸真心希望你成为一个"人文主义者"。

乐观者的希望

阿拉伯有句成语:"拥有健康的人才拥有希望,而拥有希望的人却拥有一切。"从这句话可以看出,乐观的人生态度是多么重要。生活在现代社会的人,悲观者比乐观者要多得多。

我们明白这个看上去很适合生活的地球实际上存在着很多问题,让人很苦恼。我要把那本书中被翻译成很多国家语言的经典文字抄在这里:

> 就像你不需要钱那样去工作,
> 就像你不曾受过伤害那样去爱,
> 就像没有人看见你一样去跳舞,
> 就像没人听得到你一样去歌唱,
> 那么地球就会变得像天国一样。

尽管这个世界的问题层出不穷,社会状况令人担忧,但只要我们心中充满爱,我们的世界就会充满希望,越来越美好。如果我们只看到这个世界有太多问题,让人沮丧的事情不断发生,你就会感到像基督教中所说的,"世界末日"就要到来了。但即使你这么悲观,这个世界仍然是美丽的。活着的意义就是

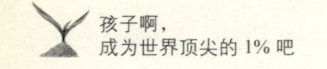

为希望而奋斗，因此我希望你是个心中充满希望的人。**去爱别人，去爱这个世界，让我们的地球少一些饥饿，让更多的人可以分享美好的生活**，我希望你成为为了这一切而努力奋斗的人。

今后的世界会越来越美好。对于悲观的人来说，希望只能带来让人失望的结果，而对乐观的人来说，希望则是激励自己把事情做得更好的力量。你的乐观想法可以对你的人生产生积极的作用，也可以影响到生活在这个世界中的每个人。我相信乐观的人一个、两个……不断聚集在一起，就会把我们的世界变成更加美好的地方，也能使你成为一个幸福的人。

宝贵的朋友

看到你和朋友们互发短信，收发电子邮件，相处融洽，或看到你结识了一些新朋友的时候，爸爸是多么欣慰啊！以前你因为和朋友的关系处理不好而感到沮丧，现在你和朋友相处得这么好，是多么幸运的一件事啊。

还记得吗？在你上小学五年级，参加一个补习班时，经常哭着跑回家说同班的一个大块头欺负你。当时我认为如果我站在你这边，那个孩子就不会再让你苦恼了。于是每次见到那个孩子我都会教训他。但事后，你受到了更大的伤害——在交朋友方面总是遇到挫折，这让我十分担心。还好你现在已经长大了，上中学后，你和朋友之间的关系越来越好。无论你交了什么样的朋友，你和朋友的关系总能保持良好，这让我非常满意。你上小学时我们经常搬家，虽然转了无数次学，你至今却还和每个地方的朋友保持着联系。看到这样的情景，我想今后你也一定能够继续交到很多的朋友。

朋友是父母兄弟不能取代的人生伙伴。有时，发生的一些事不能和家人探讨，这时朋友就成为最理解你的伙伴。只要你的内心为此做好了准备，你的朋友就能在一生中和你保持良好的关系。当你长大了，一些朋友会考上好的大学，拥有一份好的工作，也有一些朋友会在人生中遭遇失败。你可能会成功，你的朋友也可能成功。但是你不要忘记，不管在任何情况下，朋友都是在人生中可以互相帮助、互相激励的重要伙伴。

当你到了中年，那时爸爸可能已经不在你的身边了。但到那时，你的身边还会有一直陪伴你的朋友，他们就像不灭的灯塔一样，为你照亮前程，温暖你的心灵。

不久前，一个和爸爸同龄的朋友结婚了。由于结婚，所以很多朋友都来了，那天我们一直喝到很晚，我们认识了20多年，在现实生活中并不经常见面，但活跃在各个领域的朋友们，只

> 最好的朋友是那种不喜欢多说，能与你默默相对而又息息相通的人。

要有人有困难，就会互相帮助，为解决困难出一分力。这并不是因为爸爸和朋友们现在的地位和职业，而是因为我们年少时一同奋斗过，所以才成为了人生之中的伙伴。也许一些朋友位高权重，也许一些朋友地位卑微，但朋友就是朋友，不能用世俗的标准进行评价。我相信只要是真正的朋友，无论何时都会陪在我们身边。在人生的旅途中最重要的是朋友，从现在开始你要珍惜每一个朋友。

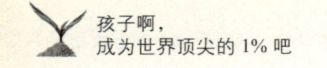

欲取之必先予之

现在的人际关系变得过于功利了。虽然这是无法改变的事实，但这种思考方式是否成为生活中所必须的，值得商榷。人际关系变得功利、淡薄是因为利己的想法在作祟。如果你想从别人那里得到帮助，你首先要对他付出一些东西。

爸爸刚进报社的时候，一位和爸爸年龄相差很大的后辈，十分讨厌和我接近。因为记者们都觉得自己在做这个世界上最重要的事情，因而变得很自负，而爸爸是凭借阅历进入报社的，因此他们看不起我，有时还对我很不满意。即使爸爸用一颗真诚的心和他们相处，仍有一些人不愿意和我打交道。前辈是这样，后辈也是这样。我想可能是在残酷的现实中，忙碌的人们不得不这样吧。但是终于出现了让我和前辈后辈们亲近的机会。每天都要值夜班并处理外来稿件的杂事是所有人都讨厌的，一开始，无论是前辈还是后辈都把这样的事情拜托给我，即使我有重要的约会，也不得不取消，去完成他们拜托的工作。过了没多久，他们终于开始理解爸爸了，而那个后辈现在成为了爸爸最忠实的拥护者。

我们已经习惯接受别人的帮助，但一直没有意识到我们应该为别人做些什么。当我们的朋友遇到困难时，我们要真心帮助他们。当你遇到了棘手的问题时，他们无疑也会成为你最坚实的后盾。

爸爸在证券公司工作时，听说一个前辈和大家关系处得非常好，他因为抬灵柩而得到了很多人的信任。在我们国家有一种良好的风俗,如果亲人受了伤,大部分人都要去探病。这位前辈有点特别,他经常主动去守灵,并慰问家属。即使和自己不熟的一个同事家有丧事,他也去守夜,并且抬灵柩,直到死者入土为安。人们都觉得抬灵柩是不吉利的,所以很难找到自愿抬灵柩的人。而这位前辈无论到哪家去吊唁,都会守一夜灵,并且自告奋勇去抬灵柩,这样一来大家都对他充满了感激之情。

常常微笑吧

最近,青年失业问题比较严重,找份工作简直比登天还难,因此出现了应对公司面试的辅导班。听说辅导班还教人如何微笑。听了这些事情,我简直是哭笑不得。对于那些不会笑的人来说,为了就业而学习微笑是迫不得已的。但根据爸爸的经验,笑容是学不来的。快乐的想法从内心中流露出来。你就会微笑。如果不是发自内心,也就不会有真正的笑容。所以说"会微笑的人是健康的"。

曾经有一位医学博士成为了笑容的传道士,发现了"多肽"(endorphin)这种与笑容有关的荷尔蒙。多肽是一种从脑内下丘脑后叶中提取的类似吗啡的物质,它有阻隔人的感觉神经的作用。因此,多肽也被称做人体创造的神秘麻醉物质。然而多肽的真正效力却比麻醉剂吗啡强200倍。

但在现代医学上,多肽不能像雌性激素或者其他荷尔蒙一样被制作成药剂,它也不能通过身体的控制而产生。只有当人笑的时候才会产生这种物质。这太神奇了!当人万分痛苦的时候,比麻醉剂效果大得多的多肽能够阻止痛苦。

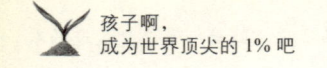

笑容能让人变得积极,从压力中解放出来。有时我们在周末观看《趣味音乐会》《找笑容的人们》等娱乐节目时,常常笑得"肚子都快破了",不是吗?"笑招万福来",也许人们经常微笑就能带来好运气吧。

要常常对周围的人保持笑容。给别人笑容,就像给别人一个让人心情愉快的礼物一样。如果你是一个能够带给别人快乐的人,那么当别人想起你的时候,就会自然露出快乐的笑容。

保持客观的视角

对于同一件事,由于我们的视角不同,所采取的应对方法也就不同。不管人们愿意与否,我们每天都要做无数的决定。早上起床,我们要决定吃什么早餐;上班之前,我们要决定穿哪件衣服;开车时,我们要决定走哪条路;上班时,我们要了解今天都有什么事情要做,然后给它们排个先后顺序……

回顾整个过程,其实大部分决定都是根据平时的习惯做出的。如果习惯了左右方向刷牙,一定会习惯性地使用这种方法。牙科医生表示,上下方向刷牙有利于清洁牙齿,但大部分人却是当自己的牙齿出现问题后才会遵照医生的话去做。

下面我们来看看写报道的过程。大部分记者都想从客观的角度出发来写稿子,然而不可避免地要受到采访对象的配合程度、亲密度、亲近感等因素的影响。虽然这是不应该的,但是作为人,这是避免不了的。

记者有时会因为所写的报道而遭受抨击,有时会遇到观点不同的人的"反驳",这都是家常便饭。因为记者在写报道的时候,很容易把个人主观因素掺杂进来,因此只有原封不动地照搬当事者的意见,才能保持客观性。这样的方法不止适用于写报道。一个企业在讨论进军新领域的举措是否妥当时,如果正面的因素有10个,而负面的影响有9个,那应该得出肯定的结论。但如果在负面因素中,有一个是致命的,那我们也要放弃这项举措。在处理问题时是没有完全正确的答案的,因此,最重要的就是保持最大限度的客观立场。当我们讨论一项事业存在的变数时,如果我们用主观看法朝某个方向引导行动,最终的结果就会变得不客观,偏离实际情况。这种例子随处可见。

当然我们有时也需要主观的判断,但是如果你努力保持最大限度的客观视角的话,就能最大限度地减少判断失误的概率。

学会倾听

爸爸常常感受到,虽然自己可以快速地作出决定,并且出色地处理危机,但我缺乏谨慎。刚开始写报道的时候,全篇都是错误。现在爸爸已经成了编辑,这些失误大大减少了,但是有时仍会因为毛躁出现纰漏。有很多人,他们拥有慎重的性格,他们信奉"小心无大错",但他们做决定的过程过于冗长,在快速变化的现代社会,这种慎重反而成了缺点。

其实拥有怎样的性格并不重要,我给你讲一个后辈记者的例子。爸爸有一个后辈,常常听人们说他无能。有一次,他本来应该在规定的30分钟之内写完报道,但他却没完成,最后受到编辑严厉的训斥。站在编辑的立场,在规定的时间内完成报道,用最快的速度把报道刊发出去是非常重要的。但这位朋友

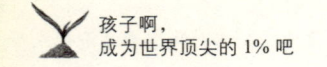

由于谨慎而延误了发稿时间，受到了训斥。

当然，事情都有两面性。同一件事，根据观察角度的不同，记者的报道也完全不同。有一次，一位后辈只对事件的表面现象进行了简单的判断，写出了报道，但他没有把问题的实质揭露出来。而别家报社挖掘了事件背后隐藏的问题，写出了颇有影响力的报道，相比之下这位后辈处理得过于简单和草率了。

> 在社会生活中，我们做决定的过程不是寻找正确答案的过程，而是寻找最客观、最符合事实答案的过程。

虽然我们保证了速度，但由于内容缺乏准确性，这也不符合新闻的要求。能同时兼顾速度和准确性当然最好，但能同时做到这两点的人并不多。但你也不要灰心，通过努力就能发扬优点，改正缺点。

发扬优点，改正缺点的最好方法是"努力做个忠实的听众"。打个比方：站在大象脚下只能看到大象的腿，站在大象前面只能看到大象的鼻子，那么站在大象后面就很难想象到大象的鼻子是什么样子。但如果我们站得稍微远一点，就能看到大象的全貌。

但有时即使我们从多个角度去看问题，仍然很难把握事件的全貌。这时你要多了解别人的意见，以便查缺补漏，看问题就会更加全面。如果我们事先了解了一个人的性格、特点，当我们做决定的时候，就能够判断是否可以参考他的意见。**有时，暂时保留自己的观点，不发表看法也是十分必要的。如果你陈述了自己的观点，别人很可能受你的影响。因此遇到重要的问**

题时，要慎重表达自己的观点，还要学会倾听别人的意见。

要学会倾听。我知道你和朋友相处得很融洽，但在聚会中最受欢迎的人仍然是善于倾听的人。遇到真心听自己诉说的人，我们通常会和他们分享内心的感受，这其中包含着一种信任。这也是为什么善于倾听的人比能说会道的人更受欢迎的原因。因此，学会倾听不仅让我们得到很多启发，也可以提高我们做决定的速度。

抓住事物的本质

最近我在读一些伦理方面的书。在字典中，伦理学的定义是"用特定的原理对人类的知识活动进行分析，并使之明文化、规范化"。这听起来是不是有点复杂？简单点说，伦理学就是怎样认识事物、灵活用理性判断事物的一种学问。

理性思维，对我们正确认识事物有很大帮助。它不仅能使我们更容易找到解决问题的方法，还使我们解决问题的过程变得更加简单。你们在教科书上学到的归纳和演绎也都属于理性思维的范畴。**之所以要拥有理性思维，是因为在实际生活中经常会出现"本末倒置"的现象。**

当一件事情发生时，我们常常注意的是事物的表象，而忽略了事物的本质。如果我们能正确认识到事件发展过程中存在的根本问题，就能更容易做出判断。如果只关注表面现象，必然会本末倒置。

以前一家企业资金周转困难，为了打破这一困境，社长特别指示成立特别工作组。这个小组应该制定出短期和中长期事业计划。首先面临的问题就是节省经费，因为减少经费就能缩减财政赤字。这个小组制定了一套方案，缩减一切不必要的费用。实施这套计划，公司度过了资金运转危机。然而刚刚过去几年，公司再次陷入危机。这是什么原因呢？在这份缩减费用的清单中，还包括用于投资、销售环节的费用。因为实在没有什么项目可以缩减的了，只好把投资环节的费用也省掉了。

我们来认真分析一下其中的问题。首先，特别工作组没有弄清楚自己的任务是什么。解决资金周转困难的最终目的是为了扭亏为盈，实现公司的可持续发展。即使要缩减费用，也应该把公司用于投资生产的费用排除在外。只重视节省经费，就如同剜去了公司的"心脏"，后果十分严重。结果是费用节省下来了，但公司的状况仍继续恶化。

再来看看 K 银行。据说 K 银行被外国大股东收购后，公司为了进行结构调整，大幅削减了需要投入大量资金的海外分行，并裁减了大批员工。虽然我不知道最后有没有获得成功，但这一做法没有得到媒体的正面评价。这家银行曾被认为是国内在海外经营中最具实力的银行，但上述做法并不能改善经营状况。

虽然以上评价不一定完全正确，但起码是有一定道理的。如果银行注重从本质上改善经营状况，就不至于遭到批判了。

养成节俭的好习惯

1998 年金融危机爆发时，爸爸当了记者，我们的生活质量也发生了很大的改变。从经济状况来说，我们不像以前那么富裕，环境变得相对艰难了一些，也给你们的生活带来了诸多不便。以前只要是你们想要的东西，爸爸都会尽力满足你们，而现在爸爸说得最多的一句话就是"以后再说吧"。

你不能像以前那样，一个冬天去滑雪场几十次，也不能随意去打高尔夫球。爸爸明知道你想买最新款的手机，却要求你再用一年旧手机，实际上这都是因为我们已经不像以前那样富裕了。你们也知道，爸爸当了记者以后，收入和以前相比减少了许多。但是，想想爸爸当记者以后充实、快乐的生活状态吧。虽然牺牲了一些东西，但爸爸对目前的工作非常满意，每天都过得非常充实。

> 懂得倾听的人才会获得朋友，因为你分担了他的烦恼。认真倾听他人言语，代表你对他人的尊重，同时你也赢得了别人的尊重。

你们不要忘记经济不富裕这段时期的体验，膨胀的欲望会把一切事情搞糟。实际上，即使拥有了一切想要的东西，也不一定会幸福。如果只为了满足自己的欲望去赚钱，那么你就会失去"有意义的人生"。

这是 1931 年 9 月甘地到伦敦参加第二次圆桌会议的途中，海关要检查他随身携带的东西时，甘地说的一段话。法顶大师一直以"无所有"的信念生活着。在我们的眼中，没有任何欲望的生活是不可想象的。下面这段文字是我在种植兰草时对"欲望"的一种反省。

去年梅雨季节刚刚过去时，我曾到奉先寺去拜访芸虚老师。正午时分，因梅雨季节而长期阴霾的天空终于出现了灿烂的阳光。前面有小溪流淌的声音，树林深处时不时还有知了在放声歌唱。啊！我突然想起，我的兰草还摆放在庭院里。那些因为受到强烈阳光照射而枯萎的兰草叶子在我的脑海里晃来晃去。我心中焦急万分，立刻返回家。回到了家里，不出所料，心爱的兰草的叶子已经有些蔫了。

我已经深刻体会到，执著是孤独的。是的，对于兰草我过于投入和执著了。我决心从这种执著中摆脱出来。由于要照料兰草，我根本离不开家，结果什么事情都做不成。几天后，一位喜欢兰草的朋友到家里来玩，他很高兴地抱走了那盆兰草。我这才从对兰草的痴迷中解脱了出来。从那时起，我才下定决心每天放弃一个欲望。

请你放弃欲望，时常保持节俭的美德。想要得到的东西越来越少，你的剩余资金就会越来越多，你就可以把钱用在最需要它们的地方。虽然爸爸也没有做到，但我现在认为这样做是正确的。**我们对所有的东西都过于执著，这是因为长期以来已经形成了习惯。如果你养成了少"要"的习惯，那你就不会想要太多的金钱或者东西。如果不再受欲望的驱使，我们的自由空间不就更大了吗？**

高兴时可以喝点酒

韩国是仅次于俄罗斯的世界第二大酒产品消费国，即使不需要任何数据，人们也知道我们的社会是著名的"劝酒社会"，这是不可否认的事实。因此，当你们成年以后，正大光明地喝酒的机会自然会很多。**古人说，"应该跟大人学习喝酒"。这是因为当我们疲倦和难过时，酒是缓解压力的好工具。**但有时酒

也是毁掉一个人的恶魔。现在社会上出现了"酒道"这个词，这足以说明酒文化对我们来说是多么重要。实际上，一些初到韩国从事企业活动的外国人，最先碰到的困难往往都是因酒而起的。我们发明了把啤酒和洋酒掺在一起喝的"炮弹酒"，这已经成为韩国独有的酒文化。

喝酒的时候应该遵守一些礼仪。比如说，要等上司和年长者先喝完我们才能把酒放在唇边，背过身喝光，这是最基本的礼仪之一。还有，在给长辈们倒酒的时候，我们要拿左手挡住酒瓶商标，用右手托着酒瓶底，这也是最基本的礼仪之一。但你要记住，万一你在酒场上失手，可能会对你的社会生活造成很大的影响。爸爸有时也会在酒场上出丑。如果喝酒过量，超出了自己的能力范围，任何人都会出丑，因为"酒中无壮士"。

因此，了解自己的酒量是很重要的。而且无论在什么样的场合，喝酒都要适量，千万不能过量。很多时候我们喝酒都是因为遇到了伤心和困难的事。爸爸和同事们一起，吃着下酒菜，喝着酒，借着酒劲儿，将心中的不满和痛苦全都说出来，这是一种缓解压力的好方法。但是，类似的场合越少越好。因为喝到一定程度的时候，人往往会失控。很多人都是因为喝酒过量而犯错。

因此爸爸想劝你，当你心情愉快时，就去喝点酒吧。怀着愉快的心情喝酒，往往可以使在一起喝酒的人互相留下美好的回忆，也很少喝醉。而且可以使人们相互信任，关系也会更融洽。

酒也是一种重要的商业工具。记者就属于喝酒较多的一种职业，我们每天都会遇到新认识的人，通过喝酒可以使我们更快地亲近起来，同时也扩大了采访对象的来源。酒在我们的工作中是非常重要的。那么不会喝酒的人该怎么办呢？天生就没有分解酒精能力的人，如果喝多了酒，一定会出大事。如果对方是这样的人，我们就不要勉强他和我们一起喝酒。但即使你对酒精过敏，有时最好还是要和朋友一同参加酒席。如果这种人际交流的场合每次都缺了你，时间一长，你就会和大家产生隔阂，甚至有可能遭到大家的排斥。

爸爸认识一个朋友，他不会喝酒，因为受到家庭严格的基督教家风的影响，从来不沾酒。但是无论大家在哪儿喝酒，这位朋友都会奉陪到底，而且每次都会用出租车把喝醉酒的人送回家，之后再自己回家。这是个人缘非常好的朋友。而且他在酒桌上也十分谨慎，努力不破坏酒桌气氛。不久前这个朋友成了著名投资运营公司的常务经理。在我们这样的社会，完全不会喝酒的人都能身居要职，我想这是他从不缺席酒场，积累了大量交情的缘故。

你们自己也要积累一些好的喝酒经验。迄今为止，酒在韩国无疑还是重要的商业交往手段之一。

保持连贯性

在做事情时，最幼稚的就是自己改变最初的说法。因为这将会使别人动摇对你的信任。

不久前，爸爸遇到了一位上任整整一年的银行行长，我来说说对他的感受。这位银行行长不喜欢社交，也不爱喝酒，但他曾在国外的银行工作，积累了几十年的经验，被公认是结构调整的专家，是由涉外理事选出来的银行行长，他接手银行的一年时间里银行的经营非常成功。在我对他的采访过程中，我始终在思考这一年期间，为什么该银行的经营会如此成功，爸爸的结论是"连贯性"。

我认真整理了他从就任初期到现在的几十次正式场合发表的演说。他主张"建立国际通用的原则"，而在这一年期间他始终坚决贯彻了这一原则。这家银行的经营状况被评价为"达到了十分优秀的水平"。并不是地位较高的人才有维持连贯性的责任，即使你的职位很低，你也要保持连贯性。遵守自己制定的原则，这样的人最后会得到信任，所做的事也会得到正面的评价。人们最讨厌的状况就是"不确定性"。在不知道未来会发生什么变化的情况下人们会产生恐惧感，但只要我们始终坚持一定的原则去做事，我们也可以对这种不确定性进行预测。

越是发达的国家，政府实施的政策越有连贯性，可预测性就越高。如果遵守在一开始就设定好的原则，所有社会成员就可以稳定地发展事业。韩国社会最大的缺点就是缺乏这种连贯性。如果今后我们能改正这个缺点，我们就可以通过这种连贯性，更好地在社会中取得成功。

> 爸爸的建议

如何获得幸福

1. 乐观的人文主义

为了实现有意义的人生，要去爱别人，爱这个社会，让我们的地球少一些饥饿，让更多的人能够分享生活的美好。我希望你能成为这样的人。

2. 珍贵的朋友

朋友是父母和兄弟姐妹无法替代的另一种人生伙伴，要保持和朋友之间的关系。如果你能对他们打开心灵之门，那么你就可以同他们一生保持良好的关系。

3. 微笑面对生活

尽管你对接受别人的帮助已经习以为常，但你还没有意识到你付出的太少了。要努力成为时常给别人带来欢笑的人，这就等同于给了别人一份非常珍贵的礼物。

4. 培养抓住事物本质的能力

当一件事情发生时，如果无视事情的本质，只关心表面现象，就不能做出正确的判断。你要记住这一点。为了能够做出正确的判断，你必须拥有灵活的思考方式和坚定的目标意识。

5. 客观性和连贯性

在社会生活中，在做重要决定时，保持客观的态度是非常重要的。即使你的职位很低，你也要保持连贯性，遵守自己制定的原则，这样的人最后会得到信任，也会得到积极的评价。

后 记

花了整整 3 年时间来写这本书，但社会每时每刻都在发生变化，对于该怎样解释这 3 年来发生的新变化和新现象，我想了很久，也一直踌躇不定。

这本书的大部分内容还是保持着最初的框架。毕竟与每件具体的事例相比较，我们要遵照一些重要的原则去度过人生，这一点是更为重要的。

儿子啊！

可能书里的内容还没有完全将我的意思表达清楚，但爸爸认为我讲到的这些事情会对你们的人生产生很大的影响。本来拖了 3 年时间，我都快要放弃出版的念头了，但到最后还是把原稿拿出来继续修改。因为爸爸知道，这个世界上没有任何事比你们能正确度过自己的人生，打好生活根基更重要的了。

每次对这本书进行修改，我都感到还有很多不足的地方，现在我终于完成了这本书。

我对你们已经顺利长大成人表示由衷的欣慰。尽管这本书有很多不足之处，但是我相信，只要它能够为你们的人生提供一些参考，那么这本书就已经发挥了它应有的作用。

不仅是你们，我希望生活在这片土地上的所有孩子都能够拥有正确的人生观、价值观，培养出良好的修养，学习到各个领域的知识，成为这个世界的主人。

我真心祝愿你们能创造一个成为世界中心并让所有人感到幸福的国家，一个充满生活情趣的地球。希望你们度过有价值的、充满阳光的人生。

爸爸妈妈们,请改变和孩子"随意对话"的习惯吧!

"吃饭怎么总是这么磨磨蹭蹭的?""男子汉还哭鼻子丢不丢人?""为什么不想去上学?"……日常生活中,爸爸妈妈总是在和孩子进行"随意性对话"。其实,孩子做出的每个举动、说出的每句话背后都有自己的真实感受和想法:

孩子最看重的是父母对自己的爱和尊重

"你吃得这么慢,妈妈都没法收拾了。以后吃得再快一点好吗?"——引导式对话让孩子更容易体会妈妈对他们的爱和尊重。

孩子需要表扬,更需要肯定

"不要不开心了,虽然你不太擅长这个,但你还有很多其他优点啊。比如,书读得很多,还认识连爸爸都不认得的汉字"——引导式对话让妈妈在不经意间帮孩子树立自信心,让他们更加自信。

孩子表面的任性胡闹其实另有隐情

"现在还不想说逃学的原因吗?妈妈理解,等你愿意的时候再告诉妈妈吧"——引导式对话让孩子感受妈妈真心的关怀和支持,主动和妈妈说知心话。

"引导式对话"就是让父母"引导"孩子说出自己的真实想法,同时以平等的姿态"引导"孩子独立思考并找出解决问题的方法。

〔日〕小紫真由美 著
〔韩〕郑久美 绘
蔡福淑 译
重庆出版社
策　划:中资海派
定　价:25.00元

如果你能控制好自己的情绪,就能养出有自主性的孩子

"不要逼我发火!"
"你怎么就是不听我的话!"
"我已经跟你说过多少次了!"

曾经吼过孩子的父母,请注意:**很抱歉,责骂孩子是没有用的。**

你得学会让自己冷静,控制好自己。如果能把精力放在控制自己的行为上,而不是控制孩子的行为,得到的结果会出乎意料地好。

《零吼叫养出100%的好孩子》主张教养的关键"不在孩子,而在父母"。这是一本理念创新的教养指南,适合各种年龄段孩子的父母。这本书的内容能减低你教养孩子的焦虑与压力,让你的家庭更和谐,帮你教养出100%的好孩子。

〔美〕哈尔·爱德华·朗克尔 著
陈玉娥 译
重庆出版社
策　划:中资海派
定　价:22.80元

吼叫和责骂教育不出优秀的孩子

短信查询正版图书及中奖办法

A. 电话查询
　　1. 揭开防伪标签获取密码，用手机或座机拨打4006608315；
　　2. 听到语音提示后，输入标识物上的20位密码；
　　3. 语言提示：你所购买的产品是中资海派商务管理(深圳)有限公司出品的正版图书。

B. 手机短信查询方法(移动收费0.2元/次，联通收费0.3元/次)
　　1. 揭开防伪标签，露出标签下20位密码，输入标识物上的20位密码，确认发送；
　　2. 发送至958879(8)08，得到版权信息。

C. 互联网查询方法
　　1. 揭开防伪标签，露出标签下20位密码；
　　2. 登录www.Nb315.com；
　　3. 进入"查询服务""防伪标查询"；
　　4. 输入20位密码，得到版权信息。

中奖者请将20位密码以及中奖人姓名、身份证号码、电话、收件人地址和邮编E-mail至my007@126.com，或传真至0755-25970309。

一等奖：168.00元人民币(现金)；
二等奖：图书一册；
三等奖：本公司图书6折优惠邮购资格。
再次谢谢你惠顾本公司产品。本活动解释权归本公司所有。

读者服务信箱

感谢的话

谢谢你购买本书！顺便提醒你如何使用ihappy书系：
◆ 全书先看一遍，对全书的内容留下概念。
◆ 再看第二遍，用寻宝的方式，选择你关心的章节仔细地阅读，将"法宝"谨记于心。
◆ 将书中的方法与你现有的工作、生活作比较，再融合你的经验，理出你最适用的方法。
◆ 新方法的导入使用要有决心，事前做好计划及准备。
◆ 经常查阅本书，并与你的生活、工作相结合，自然有机会成为一个"成功者"。

优惠订购	订阅人		部门		单位名称	
	地址					
	电话				传真	
	电子邮箱			公司网址		邮编
	订购书目					
	付款方式	邮局汇款	中资海派商务管理(深圳)有限公司 中国深圳银湖路中国脑库A栋四楼			邮编：518029
		银行电汇或转账	户　名：中资海派商务管理(深圳)有限公司 开户行：招行深圳科苑支行 账　号：81 5781 4257 1000 1 交行太平洋卡户名：桂林　　卡号：6014 2836 3110 4770 8			
	附注	1. 请将订阅单连同汇款单影印件传真或邮寄，以凭办理。 2. 订阅单请用正楷填写清楚，以便以最快方式送达。 3. 咨询热线：0755-22274972　　传　真：0755-22274972 E-mail：szmiss@126.com				

→利用本订购单订购一律享受9折特价优惠。
→团购30本以上8.5折优惠。